十年偉大飛躍

國務院發展研究中心 馬建堂
組織編寫 主編

目　錄

十年偉大飛躍譜寫復興華章

2012 年 11 月，中國共產黨第十八次全國代表大會勝利召開，2022 年 10 月 16 日，中國共產黨第二十次全國代表大會即將召開。中國人民在百年變局中，走過了波瀾壯闊的十年；歷史巨鐘在百年變局中，記錄了滄海桑田的巨變。十年間，以習近平同志為核心的黨中央，以對百年大黨、對億萬人民、對中華民族、對人類文明強烈的時代責任感、堅定的歷史主動性、偉大的鬥爭精神，創造了許多具有開創性、革命性的恢宏成就，中國經濟社會發生了輝煌而巨大的歷史性飛躍，在中華民族偉大復興和全球發展的歷史進程中留下了深刻的印記。

一、東方社會主義大國發展巨大躍遷的十年

　　這十年，習近平同志以卓越的戰略眼光、恢宏的全球視野、深厚的人民情懷、超強的駕馭能力，帶領全黨和全國人民，戰勝了一系列內部和外部的嚴峻風險挑戰，解決了許多長期想解決而沒有解決的難題，辦成了許多過去想辦而沒有辦成的大事，推動中國現代化事業發生歷史性飛躍，發展了當代中國馬克思主義、21 世紀馬克思主義。

　　這是贏得偉大鬥爭開闢嶄新格局的十年。這十年，國內發展改革任務極其繁重，國際環境複雜嚴峻、風雲多變，面對百年未有之大變局，黨的十八大提出“必須準備進行具有許多新的歷史特點的偉大鬥爭”的重大論斷。十年來，習近平總書記多次強調樹立鬥爭精神、增強鬥爭本領，在前進道路上我們面臨的風險考驗只會越來越複雜，甚至會遇到難以想象的驚濤駭浪，我們面臨的各種鬥爭不是短期的而是長期的，至少要伴隨我們實現第二個百年奮鬥目標全過程。這體現了黨高度的憂患意識和強烈的歷史責任感。十年來，正是由於堅持敢於鬥爭、敢於勝利，我們抓住和用好了歷史機遇，下好先手棋、打好主動仗，戰勝了一系列來自國內外的重大風險挑戰。我們保持了經濟長期平穩較快增長，經濟發展平衡性、協調性、可持續性明顯增強，國內生產總值突破百萬億元大關，人均國內生產總值超過 1.2 萬美元，經濟實力、科技實力、綜合國力躍上新台階，我國經濟邁上更高質量、更有效率、更加公平、更可持續、更為安全的發展之路。十年來，我們贏得了防範化解重大風險的偉大鬥爭。長期經濟高速發展積累的金融風險、房地產風險、產能過剩風險、生態環境風險、社會穩定風險，都得到有效遏制或緩解，避免了其他許多國家曾經經歷的發展陷阱，為實現第二個百年奮鬥目標奠定了堅實基礎，創造了廣闊的迴旋餘地和發

展空間。十年來，我們贏得了維護國家利益和世界和平的偉大鬥爭。妥善處理中美關係這一最重要的國際關係，從容不迫、有理有利有節地開展對美鬥爭，不斷贏得戰略主動。我國在世界大變局中開創新局、化危為機，國際影響力、感召力、塑造力顯著提升。特別是在百年未遇的新冠肺炎疫情這場全人類面臨的共同危機面前，黨帶領人民進行了一場驚心動魄的抗疫大戰，經受了一場艱苦卓絕的歷史大考，付出巨大努力，取得抗擊新冠肺炎疫情鬥爭重大戰略成果，創造了人類同疾病鬥爭史上又一個英勇壯舉，充分展現了中國共產黨領導和我國社會主義制度的顯著優勢，增強了全黨全國各族人民的自信心和自豪感、凝聚力和向心力。

　　這是發展質量效益實現新飛躍的十年。黨的十八大以來，我國經濟總量連續邁上新台階。2016 年越過 70 萬億元；2017 年越過 80 萬億元；2018 年越過 90 萬億元，佔世界經濟的比重超過 16％；2020 年我國成為全球唯一實現經濟正增長的主要經濟體，國內生產總值首次突破 100 萬億元；2021 年首次突破 110 萬億元。十年來，中國經濟增長對世界的貢獻率超過 30％，是全球經濟增長的主要引擎。十年來，我國把科技自立自強作為國家發展的戰略支撐，科技創新能力不斷增強，重大科技成果不斷湧現，嫦娥五號、“祝融號”火星車、“奮鬥者”號全海深載人潛水器、“九章”量子計算原型機、“深海一號”大氣田、“京華號”國產最大直徑盾構機、C919 大飛機、時速 600 公里高速磁浮列車等一件件大國重器密集誕生。我國居民人均可支配收入保持較快增長，全國居民人均可支配收入由 2012 年的 16510 元增加到 2021 年的 35128 元，增加了 1 倍多，年均實際增長率為 7.0％，高於同期國內生產總值增速，形成了世界上人口規模最大的中等收入群體。收入分配改革不斷推進，以保障和改善民生為重點加強社會建設，在打贏脫貧攻堅戰、全面建成小康社會後正努力向著全體人民共同富裕的目標邁進。

　　這是為長治久安夯實制度基礎的十年。成熟穩定的制度是國家長治久安的基礎。社會主義是人類歷史上嶄新的社會制度，為生產力高度發達和人的自由全面發展開闢了道路。社會主義國家的長治久安，必須通過國家制度的不斷健全來實現。黨的十八大以來，以習近平同志為主要代表的中國共產黨人，把建設成熟完善的社會主義制度作為自己的歷史使命，回答了新時代堅持和發展什麼樣的中國特色社會主義、怎樣堅持和發展中國特色社會主義，建設什麼樣的社會主義現代化國家、怎樣建設社會主義現代化國家，建設什麼樣的長期執政的馬克思主義政黨、怎樣建設長期執政的馬克思主義政黨等重大時代課題。習近平總書記指出，“我國社會主義實踐的前半程已經走過了，前半程我們的主要歷史任務是建立社會主義基本制度，並在這個基礎上進行改革，現在已經有了很好的基礎。後半程，我們的主要歷史任務是完善和發展中國特色社會主義制度，為黨和國家事業發展、為人民幸福安康、為社會和諧穩定、為國家長治久安提供一整套更完備、更穩定、更管用的制度體系”。這十年，黨領導人民堅持和完善中國特色社會主義制度，推進國家治理體系和治理能力現代化，我們的各項國家制度日益成熟穩定，確立了新時代“中國之治”的“四樑八柱”，為中華民族長治久安和社會主義事業長久發展夯實了制度基礎。

　　這是中國日益走近世界舞台中央並為人類作出更大貢獻的十年。中華民族自古就有兼濟天下的胸懷，希望把家庭、民族和國家“美美與共”的情感拓展到整個天下，始終努力為人類作出更大貢獻。黨的十八大以來，世界處於發展的十字路口。以美國為代表的西方社會深陷金融危機，經濟減速、兩極分化、民族宗教問題頻發，政治動蕩、社會撕裂成為常態，中國之治和世界之亂形成了鮮明的對比。西方主導的全球化，雖使生產力迅速發展，但導致全球兩極分化，大量發展中國家缺乏必要的基礎設施、人力資源和治理能力。十年來，以習近平同志為主要代表的中國共產黨人，把“為人類謀大同”作為使命追求，高舉“人類命運共同體”的旗幟，為解決當前世界“和平赤字”、“發展赤字”、“治理赤字”、“信任赤字”注入了強大動力。十年來，中國在更高起點上延續了經濟快速發展和社會長期穩定的奇跡，人民生活達到小康水平，並以世界上發展勢頭最好的大國，闊步邁向民族偉大復興，為全球經濟社會發展提供了有益借鑒。十年來，黨領導人民創造的中國式現代化道路和人類文明新形態，拓展了發展中國家走向現代化的途徑，給世界上那些既希望加快發展又希望保持自身獨立性的國家和民族提供了全新選擇，將深刻影響人類文明的前進方向。

二、馬克思主義中國化實現新的飛躍的十年

　　思想是時代的聲音，實踐的發展、時代的飛躍，必然伴隨著理論上的飛躍。中國共產黨百年奮鬥歷程也是理論創新的過程。黨的十八大以來，以習近平同志為主要代表的中國共產黨人，在推動黨和國家事業取得歷史性成就、發生歷史性變革的十年偉大實踐中，創立了習近平新時代中國特色社會主義思想，回答了中國和世界面臨的迫切問題，實現了馬克思主義中國化新的飛躍，對新時代黨和國家事業發展、對推進中華民族偉大復興歷史進程具有決定性意義。

　　這是順應歷史潮流呼喚的思想。自 500 多年前空想社會主義思潮產生以來，世界社會主義運動已經歷了多個階段。馬克思主義的誕生，實現了社會主義從空想到科學的飛躍。十月革命的勝利，實現了社會主義從理論到實踐的飛躍。中國等國家相繼走上社會主義道路，實現了社會主義從一國到多國的飛躍。20 世紀末期，社會主義運動遭遇前所未有最嚴重的挫

折，全球社會主義運動一度處於低潮。黨的十八大之後，習近平總書記用馬克思主義的立場、觀點和方法分析研判社會主義和資本主義鬥爭、演變規律，領導中國人民高高舉起中國特色社會主義的旗幟，用社會主義在中國生動豐富的實踐和輝煌巨大的成就，展示了科學社會主義的生命力，擴大了社會主義在全球的影響。

這是在偉大實踐中孕育的思想。偉大的理論飛躍來自中國大地上豐富多彩的實踐。黨的十八大以來，習近平總書記高度重視堅持和發展馬克思主義，既堅持用馬克思主義的立場、觀點和方法指導實踐，又在我國經濟社會發展的實踐過程中，不斷形成新的理論創新成果。面對極其複雜的國內外經濟形勢，黨中央強調，我國已從高速增長階段轉向高質量發展階段，不能簡單以生產總值增長率論英雄，貫徹新發展理念是關係我國發展全局的一場深刻變革，必須實現創新成為第一動力、協調成為內生特點、綠色成為普遍形態、開放成為必由之路、共享成為根本目的的高質量發展，推動經濟發展質量變革、效率變革、動力變革。在領導經濟建設的偉大實踐中，孕育形成了習近平經濟思想。面對生態環境逐漸惡化的趨勢，黨中央強調，生態文明建設是關乎中華民族永續發展的根本大計，要從思想、法律、體制、組織、作風上全面發力，全方位、全地域、全過程加強生態環境保護，推動形成人與自然和諧共生新格局，在領導生態文明建設的偉大實踐中，孕育形成了習近平生態文明思想。面對存在的有法不依、執法不嚴、司法不公、違法不究等方面問題，黨中央強調，要對科學立法、嚴格執法、公正司法、全民守法作出頂層設計和重大部署，統籌推進法律規範體系、法治實施體系、法治監督體系、法治保障體系和黨內法規體系建設，在領導全面依法治國的偉大實踐中，孕育形成了習近平法治思想。面對建設同我國國際地位相稱、同國家安全和發展利益相適應的鞏固國防和強大人民軍隊的艱巨任務，黨中央強調，要毫不動搖堅持黨對人民軍隊絕對領導的根本原則和制度，堅持新時代的強軍目標，確立新時代軍事戰略方針，領導開展新中國成立以來最為廣泛、最為深刻的國防和軍隊改革，人民軍隊實現整體性革命性重塑，在領導國防和軍隊建設的偉大實踐中，孕育形成了習近平強軍思想。面對複雜嚴峻的外部環境和前所未有的風險挑戰，黨中央強調，要統籌國內國際兩個大局，健全黨對外事工作領導體制機制，加強對外工作頂層設計，對中國特色大國外交作出戰略謀劃，推動建設新型國際關係，推動構建人類命運共同體，弘揚和平、發展、公平、正義、民主、自由的全人類共同價值，引領人類進步潮流，在領導外交工作的偉大實踐中，孕育形成了習近平外交思想。習近平新時代中國特色社會主義思想，是在新時代偉大實踐、偉大鬥爭中誕生和發展的，又指導黨和國家事業不斷取得歷史性成就、發生歷史性變革。

這是海納百川胸懷寬廣的思想。習近平新時代中國特色社會主義思想充分體現了中華優秀傳統文化的生命力和影響力，"以人民為中心"是馬克思主義根本立場與中華傳統文化的深入結合，《尚書》中就有"民惟邦本，本固邦寧"的治國理政思想；扎實推動共同富裕既是社會主義的本質要求，也契合中華傳統文化"天下大同"的價值內涵。習近平新時代中國特色社會主義思想不僅是馬克思主義中國化的最新成果，而且借鑒了近現代西方思想家的進步理論成果，展現著人類文明的共同價值。2015 年 9 月 28 日，在第七十屆聯合國大會一般性辯論上，習近平主席第一次提出和平、發展、公平、正義、民主、自由是全人類共同價值，也是聯合國的崇高目標。自此之後，習主席在國際國內多個場合強調要堅守和弘揚全人類共同價值，推動人類不同文明相互交流、互相鏡鑒，構建和平與發展的共同事業，追求公平正義的共同理想，踐行民主自由的共同追求，建設美美與共的人類命運共同體。

　　這是具有世界意義的思想。越是民族的就越是世界的，14 億多中國人在習近平新時代中國特色社會主義思想指導下建設社會主義現代化國家，本身就是人類歷史上的偉大創舉。自 15 世紀的地理大發現以來，追求現代化成為絕大多數民族的目標。但迄今為止，真正跨越重重陷阱、實現現代化的國家並不多。不少國家陷入 "貧困陷阱"，經濟發展、人力資源水平低，國家綜合能力弱，難以形成有效投資和消費，長期處於低增長、低收入水平；一些國家陷入 "中等收入陷阱"，政黨頻繁輪流坐莊，社會兩極分化，增長動力不足，經濟長期停滯。過去的工業革命讓全球 1/6 人口達到發達國家水平，過上舒適生活，但這是建立在不公平的全球政治經濟秩序基礎上的，其他國家無法再沿著這條道路 "重複昨天的故事"。即使一些高收入國家也遇到新的問題，經濟危機頻繁爆發，社會衝突不斷，陷入 "高收入陷阱"。在 21 世紀的漫漫征途上，人類一切既有的發展模式，都解決不了中國以及廣大發展中國家的問題，我們已經進入制度創新的前沿地帶。從這個意義上講，習近平新時代中國特色社會主義思想，不僅能指引中國跨越 "中等收入陷阱"，走向現代化強國，也將為其他國家探索符合自身特點的現代化道路提供智慧。

三、開創中華民族偉大復興新華章

　　2022 年，我們黨將召開具有極其重要歷史意義的第二十次全國代表大會。這是開啟第二個百年奮鬥目標之後召開的第一次全國代表大會，必將為中華民族繪就全面建成社會主義現代化強國的宏偉藍圖，我們對黨和國家事業的光明未來充滿信心。

　　光明前景來自黨的堅強有力領導。十年偉大飛躍充分證明，"兩個確立"是經濟發展偉大飛躍的根本保證。黨確立習近平同志黨中央的核心、全黨的核心地位，確立習近平新時代中國特色社會主義思想的指導地位，反映了全黨全軍全國各族人民的共同心願，對新時代黨和國家事業發展、對推進中華民族偉大復興歷史進程具有決定性意義。鄧小平同志指出："中國問題的關鍵在於共產黨要有一個好的政治局，特別是好的政治局常委會。只要這個環節不發生問題，中國就穩如泰山。" 經過革命性鍛造的黨必將更加堅強有力，黨對一切工作的領導必將更加堅強有力。在黨的領導下，每個人都將努力創造屬於自己的幸福生活，也必將匯聚成為推動歷史前進的磅礴力量。

　　光明前景來自人民更加團結自信。中華人民共和國成立後，中華民族結束了任人宰割的命運，民族自信心逐步增強，並在改革開放進程中不斷加強。特別是黨的十八大以來，黨中央鮮明提出道路自信、理論自信、制度自信和文化自信。全面從嚴治黨、脫貧攻堅、生態治理、改善民生、對外關係等方面的突出成就，讓人民群眾更加增強了對黨的信心和擁護。黨領導人民進行現代化的偉大實踐，充分證明了中國特色社會主義制度的巨大優越性，人民群眾獲得感、安全感、幸福感不斷增強。這些都為實現第二個百年奮鬥目標提供了巨大的精神力量。

　　光明前景來自偉大鬥爭精神。毛澤東同志指出，"勝利的信念是從鬥爭中得來的"。這十年，是在習近平總書記果敢堅強領導下敢於鬥爭、敢於勝利的十年。黨領導人民在內政外交國防、治黨治國治軍方面進行了許多具有新的歷史特點的偉大鬥爭，在鬥爭中打破了迷信、打消了幻想、打出了信心、打出了成就、打出了未來。黨的英明領導使人們勝利的信念更加堅定穩固，將引領人民戰勝前進道路上的一切困難，直至到達勝利的彼岸。

　　光明前景來自社會主義的生機活力。鄧小平同志在南方談話中指出：
"只要中國不垮，世界上就有 1/5 的人口在堅持社會主義。" 黨的十八大
以來，面對世界上各種社會制度和發展模式的嚴峻競爭，黨中央高高舉起
中國特色社會主義旗幟，用中國特色社會主義偉大實踐證明，中國特色社
會主義制度充滿生機活力，是保障黨和國家事業發展、人民幸福安康、社
會和諧穩定、國家長治久安的根本制度。這十年的偉大成就，續寫了世界
社會主義歷史上的輝煌篇章，社會主義以生機和活力贏得了比資本主義更
廣泛的制度優勢，也充分證明走社會主義道路是人間正道，是任何力量和
任何挫折都壓不垮的。隨著中國特色社會主義不斷發展，我們的制度必將
越來越成熟，我國社會主義制度的優越性必將進一步顯現，我們的道路必
將越走越寬廣。

　　毛澤東同志在 1962 年曾豪邁地展望："從現在起，五十年內外到一百
年內外，是世界上社會制度徹底變化的偉大時代，是一個翻天覆地的時
代，是過去任何一個歷史時代都不能比擬的。" 習近平總書記指出，"歷
史總是要前進的，歷史從不等待一切猶豫者、觀望者、懈怠者、軟弱者。
只有與歷史同步伐、與時代共命運的人，才能贏得光明的未來"。讓我們
在以習近平同志為核心的黨中央堅強領導下，和歷史大勢同行，和時代一
起進步，共同參與偉大鬥爭，克服一切艱難險阻，為建成更加富強民主文
明和諧美麗的社會主義現代化強國、實現中華民族偉大復興努力奮鬥！

第一章

巨變：

中國昂首闊步進入新發展階段

　　黨的十八大以來的十年，黨加強對經濟工作的戰略謀劃和統一領導，完善黨領導經濟工作體制機制，作出堅持以高質量發展為主題、以供給側結構性改革為主線、建設現代化經濟體系、把握擴大內需戰略基點，打好防範化解重大風險、精準脫貧、污染防治三大攻堅戰等重大決策。我國經濟實力、科技實力、綜合國力躍上新台階，經濟發展平衡性、協調性、可持續性明顯增強，邁上更高質量、更有效率、更加公平、更可持續、更為安全的發展之路。

一、綜合國力顯著增強

　　黨的十八大以來，在以習近平同志為核心的黨中央堅強領導下，我們有效應對"三期疊加"、百年變局和世紀疫情等重大挑戰，保持了經濟中高速增長，進一步提高了綜合國力，歷史性解決絕對貧困問題，取得了疫情防控和經濟社會發展的"雙勝利"，凸顯了社會主義制度優勢。

（一）經濟總量躍上新的大台階

　　2000 年，我國 GDP 破 10 萬億元，2012 年突破 50 萬億元，2020 年又突破 100 萬億元。20 年內，我國經濟總量規模擴大 10 倍。2021 年，我國國內生產總值達 114.4 萬億元，突破 110 萬億元，按年平均匯率折算，達 17.7 萬億美元，穩居世界第二，佔全球經濟的比重預計超過 18％，比 2012 年提升了 6.4 個百分點。人均國內生產總值 80976 元，按年平均匯率折算，達 12551 美元，超世界平均水平，接近高收入國家人均水平下限。2021 年末，外匯儲備餘額 32502 億美元，穩居世界第一。

（二）經濟運行穩中有進

　　黨的十八大以來，黨中央深刻洞察外部環境的複雜變化和我國改革發展穩定面臨的新情況新問題新挑戰，把增強憂患意識、防範化解風險挑戰擺在突出位置，作出一系列重要論述和戰略安排。面對波譎雲詭的國際形勢、複雜敏感的周邊環境、艱巨繁重的改革發展穩定任務，我們始終保持高度警惕，既高度警惕"黑天鵝"事件，也防範"灰犀牛"事件，打好化險為夷、轉危為機的戰略主動戰。十年來，我國經濟增長平穩，沒有出現系統性風險，風險隱患總體可控，保持了穩中向好、長期向好的勢頭，糧食、能源、重要資源領域確保供給安全、價格穩定，產業鏈供應鏈基本穩定，資本無序擴張、野蠻生長的狀況初步得到遏制，有效應對美國發起的貿易戰、金融戰、科技戰。

（三）精準脫貧舉世矚目

　　黨中央引領億萬人民打贏脫貧攻堅戰，千百年來肆虐的絕對貧困在我們這一代人的手裏歷史性地得到解決，這是中華民族發展史上的永恆豐碑。我國脫貧攻堅戰取得了全面勝利，現行標準下 9899 萬農村貧困人口全部脫貧，832 個貧困縣全部摘帽，12.8 萬個貧困村全部出列，區域性整體貧困得到解決，完成了消除絕對貧困的艱巨任務。我國強大的經濟實力為脫貧攻堅提供了堅實基礎。2012—2020 年，各級財政專項扶貧資金累計投入 1.6 萬億元，扶貧再貸款累計發放 6688 億元。300 多萬名馳援的第一書記、幫扶幹部盡銳出戰、不勝不歸。307 家中央單位定點幫扶 592 個貧困縣，軍隊定點幫扶 4100 個貧困村；東部 9 個省、14 個市結對幫扶中西部 14 個省區市，全國支援西藏和新疆，東部 343 個經濟較發達縣市區與中西部 573 個貧困縣開展攜手奔小康行動。這些措施在世界上只有我們能夠做到，充分彰顯了我們的政治優勢和制度優勢。佔世界人口近 1/5 的中國全面消除絕對貧困，不僅為世界的減貧事業作出不可替代的貢獻，也為發展中國家和地區提供了擺脫貧困、實現現代化的經驗。

（四）基礎設施和大國重器大踏步發展

　　在這十年裏，我們發揮集中力量辦大事的優勢，基礎設施建設實現跨越式發展。全國高鐵運營里程由 2012 年的 0.94 萬公里增加到 3.79 萬公里，居世界第一位，"四縱四橫" 高鐵網提前建成，"八縱八橫" 高鐵網日益成型。公路通車里程約 510 萬公里，其中高速公路 15.5 萬公里，居

世界第一位。跨海橋隧、深水航道、高速鐵路建設的成套技術等躋身世界
前列，"復興號"列車正式運行，C919 大飛機首飛，北斗技術在行業廣泛
應用。我國建成了全球規模最大的信息通信網絡，4G 基站佔全球的一半
以上，4G 用戶佔比達到 81％，遠高於全球平均水平。全國已建成超過 70
個有影響力的工業互聯網平台，連接工業設備的數量達到 4000 萬套，工
業 APP 超過了 25 萬個，覆蓋 30 餘個國民經濟重點行業。

（五）統籌發展和疫情防控取得重大成果

　　新冠肺炎大流行是十年來我國經濟發展遇到的最大變量。面對突如其
來疫情的嚴重衝擊，習近平總書記高瞻遠矚、見微知著，帶領全黨全國各
族人民打響疫情防控的人民戰爭、總體戰、阻擊戰，黨中央及時有效作出
統籌疫情防控和經濟社會發展重大決策，組織構建起戰疫情、穩經濟、保
民生的工作格局，努力辦好自己的事，我國在全球範圍內率先控制住疫
情、率先復工復產、率先實現經濟增長由負轉正，顯示出強大的抗風險能
力和頑強韌性。截至 2021 年底，中國新冠肺炎患病率只有美國的萬分之
六，死亡率僅為美國的千分之二。這充分體現了中國特色社會主義制度的
優勢。

二、經濟結構持續優化

　　黨的十八大以來，我們堅持以新發展理念為引領，以供給側結構性改
革為主線，加快推進經濟結構戰略性調整和經濟轉型升級，我國經濟結構
實現重大變革，產業結構、需求結構、城鄉結構、區域結構和收入分配結

構逐步改善，經濟循環更加暢通，經濟發展更加平衡協調可持續。

（一）產業結構不斷優化

　　黨的十九大報告明確提出，我國經濟已由高速增長階段轉向高質量發展階段。習近平總書記強調，推動經濟高質量發展，要把重點放在推動產業結構轉型升級上，把實體經濟做實做強做優。國家宏觀調控更加注重推動產業變革，政府投資更加支持新型基礎設施建設，政府債券和政策性金融工具重點投向創新領域。產業結構不斷優化。2012 年，第一產業對 GDP 增長的貢獻為 5.0％、第二產業為 50.0％、第三產業為 45.0％，而 2021 年，第一二三產業貢獻率更為均衡，分別達到 6.7％、38.4％和54.9％。

（二）供需關係更加協調

　　2015 年 11 月 10 日，習近平總書記在主持召開中央財經領導小組第十一次會議時，提出"在適度擴大總需求的同時，著力加強供給側結構性改革"，供給側結構性改革主要是抓好去產能、去庫存、去槓桿、降成本、補短板五大任務。供給側結構性改革五大任務取得明顯成效。2012—2021 年，工業企業資產負債率自 57.8％下降至 56.1％。2021 年9 月底，地方政府槓桿率為 25.8％，近十年年均漲幅比 2003—2012 年下降 0.2 個百分點。2021 年底，工業企業每百元主營業務收入中的成本為83.74 元，較 2015 年底下降 1.94 元。通過去產能、去庫存、去槓桿等措施，形成了供需新的動態平衡，提升了要素配置效率，全要素生產率增速止跌回升。通過優化營商環境和減稅降費，持續增強市場主體活力，2016—2021 年，新增減稅降費累計超 8.6 萬億元，約佔同期 GDP 規模的1.9％，有效帶動了經濟增長。

（三）新發展格局逐步形成

加快形成以國內大循環為主體、國內國際雙循環相互促進的新發展格局，是以習近平同志為核心的黨中央科學把握國內外發展大勢，根據我國發展階段、環境、條件變化作出的戰略決策。我們注重提升市場主體活力，增強經濟循環的驅動力。財政政策方面，更加注重對市場主體減稅降費。全面實施增值稅改革，針對量大面廣的中小微企業實施階段性、大規模減稅政策，2013 年以來累計取消、停徵、減免中央和省級政府行政事業性收費超過 1000 項，降低市場主體用能、用地、用網、物流等基礎設施費用。貨幣政策方面，突出支持實體經濟和中小微企業融資。完善考核激勵機制，鼓勵商業銀行提高中小微企業金融服務能力。2021 年末，普惠小微貸款餘額 19.23 萬億元，同比增長 27.3％；支持小微經營主體 4304 萬戶，同比增長 35％。構建新發展格局取得積極進展。消費對經濟增長的拉動作用日益凸顯，內需日益成為經濟增長的戰略基點。2021 年，最終消費支出、資本形成總額分別拉動經濟增長 5.3 個和 1.1 個百分點，對經濟增長的貢獻率分別為 65.4％和 13.7％，兩項合計對我國經濟增長的貢獻率達 79.1％，比上年提高了 4.4 個百分點。國內國際雙循環相互促進達到更高水平，2021 年，我國對外貿易規模和國際市場份額均再創歷史新高，第一貿易大國的地位更加鞏固，淨出口對經濟增長繼續發揮較強的拉動作用。2021 年，貨物和服務淨出口對經濟增長貢獻率為 20.9％，拉動 GDP 增長 1.7 個百分點。

（四）中等收入群體不斷壯大

十年來，我國居民人均可支配收入保持較快增長，全國居民人均可支配收入由 2012 年的 16510 元增加到 2021 年的 35128 元，增加了 1 倍多。2012—2021 年間，全國居民人均可支配收入年均名義增長率為

（單位：％）

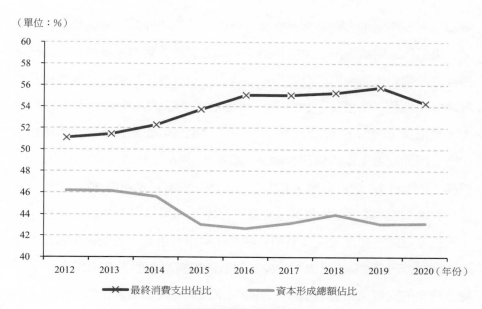

我國投資率與消費率變動態勢

9.2％，實際增長率為 7.0％，高於同期國內生產總值增速，我國形成了世界上人口規模最大的中等收入群體。按照世界銀行"家庭人均每天支出 10－100 美元"的標準，2012 年我國中等收入者突破 2 億人，此後逐年增長，2015 年中等收入者規模達到 3 億人；目前我國中等收入者已超過 4 億人，較 2012 年翻了一番，中等收入者群體佔全國人口的 30％左右。中等收入者消費結構正在從傳統消費向新興消費升級，從注重商品消費向更多服務消費過渡，對新興科技產品、高檔消費品的需求明顯升溫，以文化娛樂、休閒旅遊、健康養生為代表的服務消費支出增長較快。

（五）發展空間格局趨於優化

　　黨中央高度重視區域均衡發展，十分關心革命老區、民族地區、邊疆地區、欠發達地區和老工業基地等地區。十年來，區域協調發展戰略深入實施，支持西部大開發、東北振興、中部崛起、東部率先發展的政策體系更加完善，區域重大戰略有效落實，革命老區等特殊類型地區加快振興發展。東部地區繼續發揮領頭羊作用，中部地區經濟實力顯著增強，西部地區基礎設施和生態環境建設取得重大進展，東北地區重要商品糧生產基地等功能和地位不斷提升。2021 年，東部地區生產總值增長 8.1%，規模以上工業增長 10.9%，進出口增長 21.1%，"穩定器""壓艙石"作用明顯。中部、西部地區生產總值佔全國比重提高到 22%、21%，分別比 2000 年提高 2.9 個和 3.5 個百分點。其中，中部地區經濟總量超過 25 萬億元，同比增長 8.7%，高出全國增速 0.6 個百分點。烏東德、白鶴灘等重點水利工程投產發電，西部大開發繼續保持良好勢頭。東北三省全年糧食總產量達 2889 億斤，佔全國比重 21.2%，對全國糧食增產的貢獻率超過 57%，糧食安全的支撐保障能力進一步增強。京津冀協同發展邁出堅實步伐，長江經濟帶生態環境突出問題整改和生態環境污染治理成效顯著，粵港澳大灣區建設規劃政策體系不斷完善，長三角區域一體化發展進程加快，黃河流域生態保護和高質量發展扎實起步。國家中心城市、都市圈、城市群等作為區域發展的主要空間載體，發展潛力愈發凸顯，拉動和輻射作用不斷增強。2021 年，珠三角地區生產總值超過 10 萬億元；通過一系列的疏解動作，近兩年來，京津冀地區高技術製造業、戰略性新興產業增加值兩年平均增長 52.5% 和 43.7%。

（六）城鄉結構明顯改善

　　31 個省（自治區、直轄市）及新疆生產建設兵團全部出台戶籍制度改革實施意見，在城鎮穩定就業居住 5 年以上和舉家遷徙的農業轉移人口等重點群體落戶通道逐步打通，讓有意願、有能力、有條件的農業轉移人口在城市應落盡落、便捷落戶。基本公共服務均等化提速。城鄉教育資源均衡配置機制、鄉村醫療衛生服務體系、城鄉公共文化服務體系、統一城鄉的社保制度等一系列基本公共服務制度體系更加健全。縣城注重補短板，城鄉融合水平不斷提升，加速公共服務、環境衛生、市政公用、產業培育等設施補短板，並輻射鄉村，為農民就近城鎮化、農業農村現代化提供有力支撐。以糧食保供能力穩步提升、農民收入連年增長、農村生態建設得到加強以及農村教育、文化、衛生等社會事業全面發展等為標誌，鄉村振興實現良好開局。

（七）綠色轉型持續推進

能源消費結構優化，煤炭佔比已經從 20 世紀 80 年代的 72.2％下降到如今的 57％。從 2010 年到 2020 年，包括水電、風電在內的可再生能源整體佔比上升至 16.1％。根據國家統計局初步測算，2021 年天然氣、水電、核電、風電、太陽能發電等清潔能源消費佔能源消費總量比重比上年提高 1.0 個百分點，煤炭消費所佔比重下降 0.8 個百分點。

（八）收入分配結構不斷優化

十年來，以習近平同志為核心的黨中央高高舉起共同富裕的旗幟，使發展成果更多更公平惠及全體人民，使全體人民朝著共同富裕的方向穩步前進。2012 年起，勞動要素收入的份額逐年上升，2012 年勞動者報酬佔比約為 49.5％，2019 年勞動者報酬佔比上升至 52.2％。城鎮居民人均可支配收入與農村居民的比值從 2012 年的 2.88 倍縮小到 2019 年的 2.64 倍。2021 年，全國居民人均可支配收入 35128 元，實際增長 8.1％，其中城鎮居民人均可支配收入 47412 元，實際增長 7.1％，農村居民人均可支配收入 18931 元，實際增長 9.7％。

（單位：%）

2012—2019 年我國勞動者報酬佔初次分配的比重

三、發展動力持續增強

黨的十八大以來，我們始終堅持把創新作為引領發展的第一動力，把創新擺在國家發展全局的核心位置，不斷加快新舊動能轉換，持續凝聚發展動力。

（一）發展新動能加快形成

我們始終把培育增強新動能作為一項重要任務，通過開展各項支持創新的政策，增強經濟增長動力，穩定和提升潛在增速，保持國民經濟始終運行在合理區間。完善創新驅動的政策環境。加強融資支持，降低創新成本，加大對創業企業減稅降費力度，強化對知識產權的保護，支持協同創新。支持北京、上海建設具有全球影響力的科技創新中心，新設 6 個國家自主創新示範區，持續推進建設高質量雙創基地。深入推進"互聯網＋創新創業"和工業互聯網發展，加快各行業各領域的交叉融合和數字化轉型。提升全社會創業創新活力。分類推進科研院所改革，深化科技獎勵制度改革。2011 年以來，我國平均每年新增 1.7 萬家高新技術企業，到 2020 年底高新技術企業數量達到 27.5 萬家，2015 年至 2020 年，我國經濟發展新動能指數從 119.6 快速提高到 440.3。根據世界知識產權組織發佈的全球創新指數顯示，我國排名從 2012 年的第 34 位快速上升至 2021 年的第 12 位，中國高端和中高端技術佔製造業的比重為 46.4%，排名世界第 13 位。

（二）經濟效益穩步提高

隨著我國經濟持續較快增長，我國全員勞動生產率也隨之不斷提高。2012 年，我國全員勞動生產率為 72817 元 / 人，2020 年上升至 117746 元 / 人，較 2012 年增長 61.7%。隨著勞動生產率的提高，勞動者的工資報酬實現了快速增長。2012 年，城鎮單位就業人員平均工資為 46769 元，此後逐年較快增長，2020 年城鎮單位就業人員平均工資上升至 97379 元，較

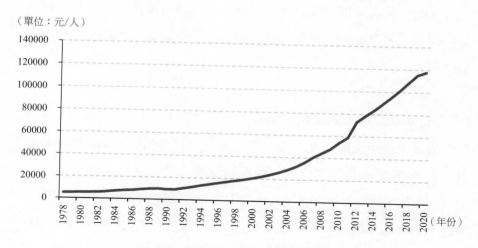

1978—2020 年我國全員勞動生產率

2012 年增長了 108.2％，增速明顯快於全員勞動生產率的增速，表明勞動者得到了更高標準的工資報酬，更好地分享了經濟發展成果。規模以上工業企業利潤總額也隨著全員勞動生產率提高而實現較快增長。以可比口徑計算，2020 年全國規模以上工業企業利潤總額較 2012 年增長了 62.4％，與我國全員勞動生產率漲幅相當。而且，隨著我國經濟率先從新冠肺炎疫情影響中恢復，2021 年全國規模以上工業企業利潤總額同比增長了 34.3％，較 2012 年增長了 118.1％，企業經營效益大幅改善。2012 年，我國單位國內生產總值稅收為 18.7％，2021 年該比例下降至 15.1％。在此背景下，2021 年我國稅收規模較 2012 年增長了 71.7％，稅收規模實現了明顯增長，國家稅收能力得到較大提升。

四、發展質量明顯提高

黨的十八大以來，我們堅持質量第一、效益優先，推動質量變革、效率變革，使發展成果更好惠及全體人民，不斷實現人民對美好生活的嚮往。

（一）三次產業發展質量顯著提升

農業綜合生產能力進一步夯實，糧食等重要農產品保障水平穩步提升。全面落實永久基本農田特殊保護制度，確保永久基本農田保持在 15.46 億畝以上。大力開展高標準農田建設，已建成 8 億畝旱澇保收、高產穩產的高標準農田，全面完成 10.88 億畝糧食生產功能區和重要農產品生產保護區劃定任務。果菜茶肉蛋魚等產量穩居世界第一，較好滿足了人民群眾不斷提升的多樣化消費需求。啟動特色農產品優勢區創建，充分發揮區域資源多樣化優勢，出台特色農產品優勢區建設規劃綱要，分四批認定了 308 個中國特色農產品優勢區和 667 個省級特色農產品優勢區，加快將資源優勢轉變為產品優勢、經濟優勢。工業和信息化成績非常顯著。綜合實力進一步增強，重點領域開拓創新取得了新進步，連續 13 年成為世界最大的製造業國家。服務業在中國經濟中的地位更加鞏固。尤其是在互聯網發展推動下，服務業新模式新業態亮點紛呈，新動能加快釋放，更好地滿足了人民群眾日益增長的美好生活需要。我國服務業快速增長，2021 年我國服務業增加值同比增長 8.2％，佔國內生產總值比重為 53.3％。服務業新動能逐步激發，新業態新模式不斷湧現；與此同時，新一代信息技術大大提高了服務的可貿易性，製造業與服務業持續融合，服務供給的質量、效率明顯提升。2021 年，我國知識密集型服務出口增長 18％；其中，個人文化和娛樂服務、知識產權使用費、電子計算機和信息服務出口分別增長 35％、26.9％、22.3％，顯示出較強的出口競爭力。

（二）經濟運行更加安全

黨的十八大以來，以習近平同志為核心的黨中央高度重視經濟安全，創造性地提出了防範化解風險的一系列新思想、新論斷。在黨中央的堅強領導下，防範化解重大風險取得實效。有效應對新冠肺炎疫情、中美貿易戰、股市波動、大宗商品價格上漲、自然災害、新業態野蠻生長、資本無序擴張帶來的一系列衝擊經濟安全的事件。十年來，經濟增長保持穩中有進，沒有發生系統性、聚集性風險。提出了"確保穀物基本自給、口糧絕對安全"的新糧食安全觀，強調"中國人要把飯碗端在自己手裏，而且要裝自己的糧食"。載人航天與探月、全球衛星導航、大型客機、深地、深海、核能等戰略性領域攻克一批"卡脖子"關鍵核心技術，有力保障了國家經濟安全。出台實施限制資本無序擴張的政策措施，進一步夯實國家經濟安全根基。

（三）經濟發展可持續性明顯增強

我國能源利用效率顯著提高，能源消費結構也在加快向清潔低碳轉變。2012 年至 2019 年，我國以能源消費年均 2.8％的增長，支撐了國民經濟年均 7％的增長。據國家統計局初步核算，2021 年天然氣、水電、核電、風電、太陽能發電等清潔能源消費佔能源消費總量比重比上年提高 1.0 個百分點，煤炭消費所佔比重下降 0.8 個百分點；單位 GDP 能耗比上年下降 2.7％，規模以上工業單位增加值能耗下降 5.6％。單位能耗的降低、清潔能源佔比的提高，都有助於減少碳排放。國家能源局數據顯示，從 2013—2019 年，全國單位 GDP 能耗累計下降了 24.4％，折算節約能源超過 12 億噸標準煤，相當於減少二氧化碳排放約 27 億噸。

（四）就業形勢穩中向好

我國將就業上升為宏觀調控的重要內容，將就業政策作為與財政政策、貨幣政策相並列的三大宏觀政策，努力實現充分就業宏觀目標。實施大眾創業、萬眾創新。將 "放管服" 和 "雙創" 有效結合，充分發揮創新創業帶動就業。截至 2021 年底，全國登記在冊的個體工商戶 1.03 億戶，較 2012 年末增加約 6000 多萬戶。積極推動各地外出務工人員返鄉入鄉創業，深入實施留學人員回國創新創業啟動支持計劃，在用地審批、項目審批和信貸投放方面適當傾斜。截至 2021 年底，累計返鄉入鄉創業人員達到 1120 萬人，新增 110 萬人，帶動就業超過 3500 萬人。在全國高校推廣創業導師制，設立大學生創業的相關獎勵和基金支持，加強校企對接。2014—2020 年，大學生創業者累計達到 453.9 萬人。針對重點人群出台就業政策，加大對靈活就業的支持。加強農民工就業服務和職業培訓，對退伍軍人、下崗分流人員、城鎮就業困難人員進行就業援助，確保"零就業"家庭至少有一人就業。實施職業技能提升行動，用好失業保險基金結餘支持職工技能提升和轉崗轉業培訓。順應新技術、新業態、新模式不斷湧現，推動"互聯網＋就業"，加大對靈活就業、新就業形式的政策支持。持續優化圍繞就業的宏觀調控機制。根據經濟基本面和就業吸納能力變化，適當調整就業目標，包括 2014 年和 2017 年兩次調增城鎮新增就業 100 萬。2018 年起公佈城鎮調查失業率，並作為預期管理的核心指標之一，進一步增強宏觀調控的科學性和針對性。將保就業作為"六保"的重中之重。新冠肺炎疫情發生以來，宏觀政策把就業放在更加突出位置，財政和貨幣政策都緊緊圍繞就業制定和實行，採取減免緩社保繳費、發放穩崗補貼、降低企業用人成本等多種措施激勵企業穩崗，做好大學生就業輔導，對未就業畢業生提供"不斷線"服務，加大對農民工就業服務和創業支持，擴大以工代賑建設領域和實施範圍。

（五）社會事業不斷進步

教育普及水平實現新提升。在各級教育普及程度方面都達到或者超過中高收入國家平均水平，據 2020 年全國教育事業統計主要結果，截至"十三五"末，覆蓋全學段的學生資助政策體系更加完善，普惠性幼兒園覆蓋率達到 84.7%，九年義務教育鞏固率達到 95.2%、大班額基本消除，高中階段教育毛入學率達到 91.2%，高等教育毛入學率達到 54.4%，進入普及化發展階段；勞動年齡人口平均受教育年限達到 10.8 年，義務教育普及程度達到世界高收入國家平均水平。醫藥衛生體制改革攻堅克難，中國特色基本醫療衛生制度框架基本建立。穩步實施分級診療，推進醫聯體建設和縣域綜合醫改，推進緊密型縣域醫共體建設，全面推進社區醫院建設，推進家庭醫生簽約服務，提升基層醫療衛生水平，逐步優化全國層面高水平醫療資源的配置。全面推開公立醫院綜合改革，全部取消藥品和耗材加成，破除以藥補醫機制，同步推進補償機制和運行機制改革。據統計，"十三五"末，每千人口醫療衛生床位數達到 6.5 張，每千人口擁有執業（助理）醫師數達到 2.9 人，每千人口擁有 3 歲以下嬰幼兒託位數 1.8 個，困難殘疾人生活補貼涉及人數為 1212.6 萬人，重度殘疾人護理補貼涉及人數為 1473.8 萬人。健全全民醫保制度，基本醫保參保覆蓋面穩定在 95％以上。截至 2021 年 11 月底，基本醫療保險覆蓋 13.6 億人，基本養老保險覆蓋 10.2 億人。穩步實施異地就醫直接結算。社會保障事業在社會救助、社會保險、社會福利及優撫政策方面取得了歷史性進展，社會保障制度體系逐步完善，覆蓋範圍不斷擴大，保障水平穩步提高，管理服務日趨規範，建成了世界上規模最大的社會保障體系，切實增強了人民群眾的獲得感、幸福感、安全感。

五、發展制度基礎更加牢固

　　黨的十八大以來，我們不斷深化對經濟社會發展規律的認識，全面推進體制改革，促進市場作用和政府作用更好統一，為持續發展奠定了更加牢固的制度基礎。

（一）黨全面領導經濟社會發展的制度堅強有力

　　堅持黨對經濟工作的集中統一領導，是以習近平同志為核心的黨中央立足新時代提出的新要求，是總領性、根本性的要求，是我國經濟沿著正確方向發展的根本保證。在市場作用和政府作用的問題上，習近平總書記特別強調，要講辯證法、兩點論，"看不見的手"和"看得見的手"都要用好，努力形成市場作用和政府作用有機統一、相互補充、相互協調、相互促進的格局，推動經濟社會持續健康發展。黨的十八屆三中全會提出"使市場在資源配置中起決定性作用和更好發揮政府作用"，意義十分重大，是我們黨對中國特色社會主義建設規律認識的新突破，是馬克思主義中國化的新成果。

（二）基本經濟制度更加完善穩固

堅持和完善社會主義基本經濟制度是習近平新時代中國特色社會主義思想的重要內容。黨的十九屆四中全會把以公有制為主體、多種所有制經濟共同發展，按勞分配為主體、多種分配方式，社會主義市場經濟體制一起作為基本經濟制度。這一制度既體現了社會主義制度優越性，又同我國社會主義初級階段社會生產力發展水平相適應，是黨和人民的偉大創造。

（三）宏觀調控更加精準有效

創新和完善宏觀調控，是完善社會主義市場經濟體制、建設現代化經濟體系、實現社會主義現代化的必然要求。黨的十八大以來，我們在宏觀經濟領域不斷推進改革創新，全面提高宏觀調控的科學性和實施力度；以高質量發展為根本要求，創造性地將宏觀調控目標擴展為穩增長、促改革、調結構、惠民生、防風險，統籌各類長期目標和短期目標；放棄"大水漫灌"的調控模式，創造性地確立了區間調控思路，明確經濟增長合理區間，在區間調控的基礎上採取定向調控、相機調控、精準調控等新舉措；依據國家中長期發展規劃目標和經濟改革目標實施短期宏觀調控，確保短期宏觀調控保持戰略定力、服務於現代化建設和民族復興大局。

（四）國家安全體制加快建立

　　按照總體國家安全觀的要求，國家安全體系主體框架不斷完善，國家安全工作協調機制日益健全。《中華人民共和國國家安全法》施行，作為國家安全領域的綜合性、全局性、基礎性的法律，其對政治安全、國土安全、軍事安全、文化安全、科技安全等 11 個領域的國家安全任務進行了明確，也為此後制定相關配套法律法規預留了空間。國防交通法、網絡安全法、國家情報法、核安全法等一系列國家安全配套法律相繼出台，搭建起國家安全法制體系的 "四樑八柱"，國家安全法治化水平大幅提升。並且，強化突發事件應急體系建設，防災減災救災能力全面提升。在災情明顯偏重的情況下，全國大江大河主要堤防、重點地區防洪工程未發生重大險情。

　　面對各種嚴峻複雜的挑戰，我國經濟社會發展取得舉世矚目的輝煌成就，全面建成了小康社會，實現了第一個百年奮鬥目標，正無比自信地朝著第二個百年奮鬥目標奮進。中國共產黨已經成長為始終走在時代前列的堅強領導核心，中國特色社會主義制度更加完善，人民生活水平不斷提高，社會生產力不斷解放和發展，精神力量更加自覺自信、積極能動、堅強有力。展望未來，在以習近平同志為核心的黨中央領導下，我國在現代化的新征程上將會取得一個又一個新的勝利，邁上一個又一個新的台階。

第二章

創新：

自立自強大步邁向科技強國

　　黨的十八大以來，黨中央堅持把創新擺在國家戰略發展全局的核心位置，把科技自立自強作為國家發展的戰略支撐，深入實施科教興國、人才強國和創新驅動發展戰略，努力推進以科技創新為核心的全面創新，加快建設科技強國，取得了舉世矚目的成就。

一、創新實力和國際地位持續提升

　　面對百年未有之大變局以及中華民族偉大復興戰略全局，以習近平同志為核心的黨中央準確研判發展趨勢，高度重視科技創新的地位和作用，大力推動實施創新驅動發展戰略。十年來，我國創新能力建設取得了巨大成就。

（一）創新在國家發展中的地位不斷提升

　　黨的十八大以來，中國特色社會主義進入新時代，我國科技創新面臨前所未有的新形勢、新局面。從全球視野來看，新一輪科技革命和產業變革蓬勃興起，大數據、物聯網、5G 移動互聯網、人工智能、高性能計算等新一代信息技術，以及生物技術、綠色技術等不斷湧現。世界發展正經歷百年未有之大變局，國際政治經濟格局正在發生著深刻變化，大國博弈不斷加劇。以美國為首的少數西方國家遏制我國科技發展的意圖越來越明顯，貿易和技術保護主義傾向越來越嚴重。隨著投資、勞動力等傳統生產要素對經濟社會發展的驅動力逐漸減弱，以及社會主義市場經濟體制的逐步完善，我國已經從要素驅動、效率驅動轉向創新驅動階段，實現高質量發展對科技進步和創新驅動的需求日益緊迫。

　　面對新形勢、新局面，以習近平同志為核心的黨中央提出了關於新時代科技創新的一系列重大理論判斷和重要論述。2015 年 3 月 5 日，習近平總書記在參加十二屆全國人大三次會議上海代表團審議時首次提出："創新是引領發展的第一動力。抓創新就是抓發展，謀創新就是謀未來。"10 月 29 日，習近平總書記在黨的十八屆五中全會第二次全體會議上再次強調，必須把創新作為引領發展的第一動力，讓創新貫穿黨和國家一切工作，讓創新在全社會蔚然成風。黨的十九大報告進一步明確："創新是引領發展的第一動力，是建設現代化經濟體系的戰略支撐"。

"堅持創新在我國現代化建設全局中的核心地位"成為社會各界推動發展的共同遵循。黨的十八大報告指出，"科技創新是提升社會生產力和綜合國力的戰略支撐，必須擺在國家發展全局的核心位置"。黨的十九屆五中全會明確強調，要堅持創新在我國現代化建設全局中的核心地位。這一系列重大理論創新是指引我國實現創新驅動發展的戰略綱領。

（二）以科技創新推動全面創新

實施創新驅動發展戰略是黨中央在新發展階段確立的國家重大發展戰略。2016 年 5 月，中共中央、國務院印發了《國家創新驅動發展戰略綱要》，對加快實施創新驅動發展戰略作出了一系列重大戰略部署。

"三步走"是新時代創新驅動發展的總體戰略。第一步，到 2020 年我國要進入創新型國家行列，基本建成中國特色國家創新體系，有力支撐全面建成小康社會目標的實現，這一步我們已經成功實現。第二步，到 2030 年躋身創新型國家前列，發展驅動力實現根本轉換，經濟社會發展水平和國際競爭力大幅提升，為建成經濟強國和共同富裕社會奠定堅實基礎。第三步，到 2050 年建成世界科技創新強國，成為世界主要科學中心和創新高地，為我國建成富強民主文明和諧的社會主義現代化國家、實現中華民族偉大復興的中國夢提供強大支撐。

"堅持雙輪驅動、構建一個體系、推動六大轉變"是實現創新驅動發展的戰略佈局。習近平總書記多次強調，創新是一個系統工程，科技創新、制度創新要協同發揮作用，兩個輪子一起轉。按照《國家創新驅動發展戰略綱要》的部署，要構建高效運行的國家創新體系。明確國家實驗室、科研院所、高校、企業等創新主體的角色定位，形成各類創新主體優

勢互補、協同互動的有機合作關係。構建開放高效的創新網絡，促進資
金、人才、技術、數據等創新要素順暢流動、優化配置。改進創新治理，
加大知識產權保護力度，完善激勵創新的政策體系，進一步發揮有效市場
和有為政府的各自優勢。六大轉變就是發展方式從以規模擴張為主導的粗
放式增長向以質量效益為主導的可持續發展轉變；發展要素從傳統要素主
導發展向創新要素主導發展轉變；產業分工從價值鏈中低端向價值鏈中高
端轉變；創新能力從"跟蹤、並行、領跑"並存、"跟蹤"為主向"並行"、
"領跑"為主轉變；資源配置從以研發環節為主向產業鏈、創新鏈、資金
鏈統籌配置轉變；創新群體從以科技人員的小眾為主向小眾與大眾創新創
業互動轉變。

（三）整體創新能力顯著提升

經過十年的不懈努力，中國從要素驅動發展向創新驅動發展轉型取得
突破性進展，全要素生產率持續提高，創新支撐經濟社會發展取得顯著成
就，在全球創新格局中的位勢不斷提升。

十年來，中國研發經費保持高速增長，研發強度顯著提升。全國研
究與試驗發展經費由 2012 年的 10298.4 億元增長至 2021 年的 27864.0 億
元，年均增速超過 12％，遠超經合組織國家約 4％的水平。從世界範圍來
看，中國研發經費支出總量穩居世界第二，按現價匯率計算已經超過美國
同期研發經費的一半，按購買力平價計算則已經超過美國的 80％。中國
研發經費投入佔國內生產總值的比重由 1.98％提升至 2.44％，已經接近經
合組織國家 2.48％的平均水平。

科技創新支撐經濟社會發展取得顯著成就，成為推動高質量發展的重
要支撐和不竭動能。黨的十八大以來，我國科技進步貢獻率持續提升，
2020 年已經超過 60％。高新技術企業如雨後春筍般快速發展，入統企業

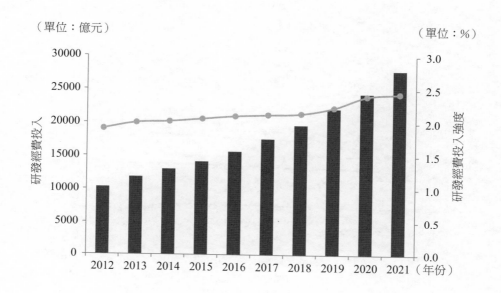

（單位：億元）
（單位：%）

2012—2021 年中國研發經費支出和研發經費投入強度

數量由 2012 年的 4.5 萬餘家增至 2020 年的近 27 萬家；工業總產值也由 15.2 萬億元增至 36.7 萬億元。旺盛的產業需求和豐富的科技成果為經濟發展提供了新的內生動力，2020 年中國技術合同成交金額達到 28252 億元，與 2012 年相比翻了兩番。

企業創新日趨活躍，專利規模和質量均有大幅提升。中國企業研發支出約佔國內總研發支出的 3/4。在歐盟委員會發佈的全球研發最密集的 2500 家企業名單中，2020 年中國企業的數量為 597 家，比 2015 年增加 270 家；研發總投入 1409 億歐元，比 2015 年增加 911 億歐元，佔全球 2500 家企業的比重達到 15.5%。企業研發支出的穩定增長帶來了專利的大幅增加。2020 年中國境內發明專利授權 43.4 萬件，比 2012 年的 13.7 萬件增長了三倍多；根據專利合作條約（PCT）提交的國際專利申請數量也由 2012 年的 1.8 萬件增至 2020 年的 6.8 萬件，超越美國排名世界第一。

中國創新能力的全球排名持續提升，已經進入創新型國家行列。世界

（單位：%）

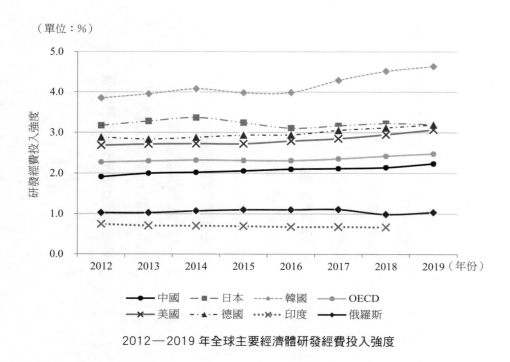

2012—2019 年全球主要經濟體研發經費投入強度

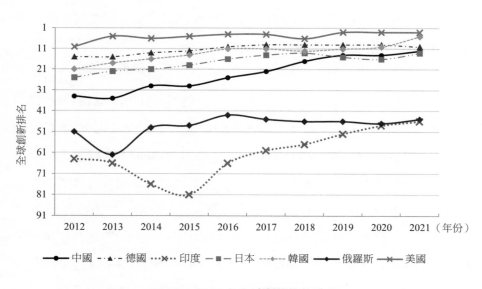

2012—2021 年全球創新指數排名

知識產權組織（WIPO）聯合歐洲工商管理學位（INSEAD）、康奈爾大學發佈的全球創新指數報告中，中國的全球創新指數由 2012 年的全球第 34位逐年上升至 2021 年的全球第 12 位，是排名最高的中等收入經濟體，在亞洲國家中僅次於韓國和新加坡。在 2021 年全球創新指數的 81 個關鍵創新指標中，中國有 9 項位居全球第一。此外，中國擁有全球第二的頂尖科技城市集群（19 個），僅次於美國（24 個），高於德國（9 個）和日本（5個），其中深圳—香港—廣州和北京分列全球科技城市集群排名的第二、三位。

在其他較有影響的全球創新能力榜單中，中國同樣取得了引人矚目的進步。世界經濟論壇（WEF）的全球競爭力報告對中國的創新能力給予了充分的肯定，中國在"激勵公司擁抱多元化、平等與包容，提升創新能力"方面得分位列全球第 1 位，在"面向'未來市場'促進對研究、創新、發明的投資"方面位居全球第 9 位。2021 年彭博創新經濟指數（Bloomberg Innovation Index）中，中國排名第 16 位，與 2015 年的第 22位相比顯著提升；其中，專利活動（第 3 位）、高科技密度（第 7 位）、研發強度（第 13 位）、第三產業效率（第 17 位）以及製造業附加值（第 20位）等方面都已進入世界先進行列。

二、基礎研究和關鍵技術取得重大突破

我國已經進入現代化建設的新階段，能否破除制約發展的瓶頸，掌握關鍵核心技術，關乎發展全局。以習近平同志為核心的黨中央作出了推進科技自立自強的戰略決策，各有關部門大力落實，增加資源投入，優化力

量佈局，加強基礎研究和關鍵核心技術攻關，科技自強取得了明顯成效。

（一）科技自立自強決策部署不斷落地

　　黨的十九屆五中全會提出，把科技自立自強作為國家發展的戰略支撐，這是黨中央在國家發展的新起點上，對我國"十四五"時期和中長期科技發展的奮鬥方向提出的戰略要求。2021 年 5 月，在中國科學院第二十次院士大會、中國工程院第十五次院士大會、中國科協第十次全國代表大會上，習近平總書記深刻指出，科技立則民族立，科技強則國家強。只有實現"高水平"科技自立自強，才能立足新發展階段、貫徹新發展理念、構建新發展格局，推動高質量發展。在參觀國家"十三五"科技創新成就展時，習近平總書記殷殷叮嚀，"全國廣大科技工作者要面向世界科技前沿、面向經濟主戰場、面向國家重大需求、面向人民生命健康，堅定創新自信，緊抓創新機遇，勇攀科技高峰，破解發展難題，自覺肩負起光榮歷史使命，加快實現高水平科技自立自強，為建設世界科技強國、實現中華民族偉大復興作出新的更大貢獻"。

　　習近平總書記指出，基礎研究是整個科學體系的源頭，是所有技術問題的總機關。要持之以恆加強基礎研究，明確我國基礎研究領域方向和發展目標，加大基礎研究投入，在財政、金融、稅收等方面給予必要政策支持，創造有利於基礎研究的良好科研生態。黨的十八大報告提出，強化基礎研究、前沿技術研究、社會公益技術研究，提高科學研究水平和成果轉化能力，搶佔科技發展戰略制高點。十九大報告提出，要瞄準世界科技前沿，強化基礎研究，實現前瞻性基礎研究、引領性原創成果重大突破，加強應用基礎研究。

　　十年來，國家不斷加大基礎研究投入，優化基礎研究佈局，壯大基礎研究體系，改革基礎研究領域的科技計劃管理方式，推動基礎研究持續取得進展。基礎研究經費支出穩步增長，2020 年達到 1467.00 億元，是 2011 年 411.81 億元的 3.6 倍。基礎研究支出強度（基礎研究／國內生產總值）從 2011 年的約 0.08％增加到 2020 年的 0.14％，基礎研究擺到了更重要的位置。基礎研究人員全時當量 2020 年達到 42.68 萬人年，是 2011 年 19.32 萬人年的 2.2 倍。2018 年 1 月，國務院印發《關於全面加強基礎科學研究的若干意見》，提出突出原始創新，促進融通發展，明確了 2020 年、2035 年發展目標，從完善佈局、建設高水平研究基地、壯大人才隊伍、提高國際化水平、優化發展機制與環境等五個方面對基礎研究工作進行了全面部署。2020 年 3 月，科技部、國家發展改革委等五部門聯合印發《加強"從 0 到 1"基礎研究工作方案》，從優化原始創新環境、強化國家科技計劃的原創導向、加強基礎研究人才培養、創新科學研究方法手段、強化國家重點實驗室原始創新、提升企業自主創新能力、加強管理服務等七方面提出具體措施。2020 年 4 月，科技部辦公廳、財政部辦公廳

（單位：億元）

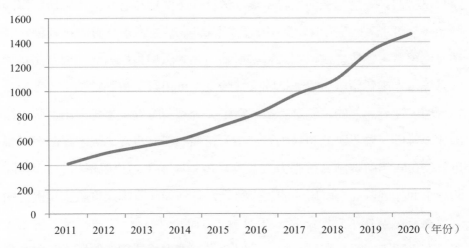

數據來源：國家統計局網站年度數據。

2011—2020 年基礎研究經費支出

等六部門聯合印發《新形勢下加強基礎研究若干重點舉措》，提出優化佈局、激發活力、深化改革、營造環境、完善支持等十條措施。科技部制定《基礎研究十年行動方案（2021—2030）》，對未來十年我國基礎研究的發展作出系統安排。

　　關鍵核心技術要不來、買不來、討不來，習近平總書記在"十三五"規劃建議的說明中明確指出，要發揮市場經濟條件下新型舉國體制優勢，集中力量、協同攻關，為攀登戰略制高點、提高我國綜合競爭力、保障國家安全提供支撐。2021 年 5 月，中國科學院第二十次院士大會、中國工程院第十五次院士大會、中國科協第十次全國代表大會上，習近平總書記再次強調，科技攻關要堅持問題導向，弄通"卡脖子"技術的基礎理論和技術原理，要健全社會主義市場經濟條件下新型舉國體制，充分發揮國家作為重大科技創新組織者的作用，把政府、市場、社會等各方面力量擰成一股繩，推動有效市場和有為政府更好結合，形成推進科技創新的強大合力。黨的十九屆四中全會提出，強化國家戰略科技力量，健全國家實驗室體系，構建社會主義市場經濟條件下關鍵核心技術攻關新型舉國體制。"十四五"規劃綱要提出，要以國家戰略性需求為導向推進創新體系優化組合，加快構建以國家實驗室為引領的戰略科技力量；要聚焦量子信息等重大創新領域組建一批國家實驗室，重組國家重點實驗室，形成結構合理、運行高效的實驗室體系。黨中央、國務院近年來相繼出台政策措施加以推動。強化戰略科技力量已成為落實《"十四五"數字經濟發展規劃》《2030 年前碳達峰行動方案》等具體領域政策的重要舉措。《國務院關於全面加強基礎科學研究的若干意見》就佈局建設國家實驗室和優化國家重點實驗室作了具體部署。2021 年修訂的《科學技術進步法》規定，國家在事關國家安全和經濟社會發展全局的重大科技創新領域建設國家實驗室，建立健全以國家實驗室為引領、全國重點實驗室為支撐的實驗室體系，完善穩定支持機制。

（二）科技創新取得重大突破

　　我國基礎研究能力不斷強化，水平不斷提高。科技論文數量從 2011 年的 150.00 萬篇增長到 2020 年的 195.17 萬篇，除 2020 年受到新冠肺炎疫情影響外，近年來增速明顯加快。在數量"井噴"的同時，科技論文質量穩步提升。2008 年到 2020 年，在被引次數全球排名前 10％的科技論文中，我國佔比從 5.9％上升到 25.3％，於 2019 年超過美國居全球第一。不僅高校和科研機構從事基礎研究，一批企業也進入行業技術前沿、邁入"無人區"，基礎研究投入逐年增加，如華為每年 150 億—200 億美元的研發費用中有 20％—30％用於基礎研究。

（單位：萬篇）

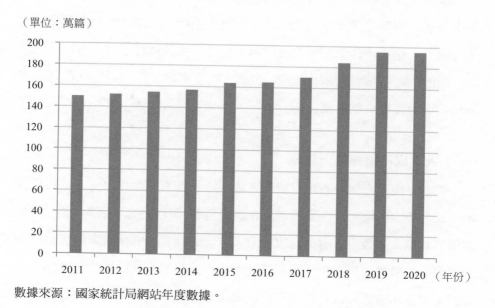

數據來源：國家統計局網站年度數據。

2011—2020 年我國發表科技論文情況

　　源源不斷的基礎研究成果從源頭上推動我國科研實力穩步攀升，一些領域開始在國際上實現了“並跑”甚至“領跑”。實現多自由度量子隱形傳態、人工合成澱粉、新型冠狀病毒逃逸宿主天然免疫和抗病毒藥物的機制研究等重量級基礎研究成果，納米孿晶金剛石、用於腫瘤治療的智能型DNA納米機器人、高溫塊體金屬玻璃、類腦芯片“天機芯”、量子直接通信樣機等世界級原創性成果不斷湧現。

三、科技英才隊伍不斷壯大

　　黨的十八大以來，以習近平同志為核心的黨中央作出人才是實現民族振興、贏得國際競爭主動的戰略資源的重大判斷，將創新作為引領發展的第一動力，把人才作為支撐發展的第一資源，系統佈局、穩步推出一系列“全方位培養、引進、使用人才”的重大戰略舉措，推動新時代創新人才隊伍建設取得歷史性成就。

（一）人才成為創新第一資源

　　習近平總書記對建設世界重要人才中心和創新高地作出一系列科學論斷。2012年10月，習近平總書記在廣東考察工作時強調，綜合國力競爭歸根到底是人才競爭，哪個國家擁有人才上的優勢，哪個國家最後就會擁有實力上的優勢。現實和歷史都證明習近平總書記重要論斷的科學性和前瞻性。從近年來國際政治經濟格局演變來看，我國正日益走近世界舞台的中央，繼續推動世界“東升西降”趨勢發展；而美國等西方國家不甘於主動讓出世界舞台和放棄全球霸權，將我國定位為“戰略競爭對手”，其主要目標是要維持西方國家在科技、產業、金融、軍事等領域的壓倒性優勢。未來世界格局的走向取決於主要國家綜合國力競爭的相對變化態勢。美國等西方國家都將吸引和爭奪創新人才作為提升綜合國力的核心戰略舉措。例如，特朗普政府執政期間，在收緊普通移民政策的同時，擴大了高技術移民配額，並對科學、技術、工程和數學（STEM）教育投入巨資。拜登政府上台後，進一步出台政策降低 STEM 人才移民和就業門檻。從世界主要大國崛起的歷程來看，吸引、集聚和使用人才對綜合國力的增長和國家的興衰起到至關重要的作用。15 世紀末，意大利籍航海家哥倫布在遭到多國拒絕後，得到西班牙王室任用和資助，開啟了大航海和地理大發現時代，西班牙也一躍成為世界強國。18 世紀末，英國機械師斯萊特偷渡美國，成功複製出當時英國最先進的阿克萊特棉紡機，成為美國“製造業之父”。

習近平總書記在參加十二屆全國人大三次會議上海代表團審議時提出，“創新驅動實質上是人才驅動”。此前，習近平總書記在上海考察工作時就指出，“人才是創新的第一資源。沒有人才優勢，就不可能有創新優勢、科技優勢、產業優勢”。要實現創新驅動發展必須獲得充足的創新人才供給。習近平總書記在多個場合反覆強調，要“全方位支持人才、幫助人才，千方百計造就人才、成就人才，以識才的慧眼、愛才的誠意、用才的膽識、容才的雅量、聚才的良方，著力把黨內和黨外、國內和國外各方面優秀人才集聚到黨和人民的偉大奮鬥中來”。

（二）全方位培養引進使用人才

黨的十八大以來，以建設人才強國為戰略目標，我們堅持黨對人才工作的全面領導，堅持人才引領發展的戰略地位，加快建設世界重要人才中心和創新高地。

第一，堅持全方位培養用好人才。黨的十八大報告提出，要"統籌推進各類人才隊伍建設，實施重大人才工程，加大創新創業人才培養支持力度，重視實用人才培養，引導人才向科研生產一線流動"。黨的十九大報告強調，要"培養造就一大批具有國際水平的戰略科技人才、科技領軍人才、青年科技人才和高水平創新團隊"。

第二，堅持深化人才發展體制機制改革。黨的十八大報告提出，"加快人才發展體制機制改革和政策創新，建立國家榮譽制度，形成激發人才創造活力、具有國際競爭力的人才制度優勢，開創人人皆可成才、人人盡展其才的生動局面。"2016 年 3 月，中共中央印發《關於深化人才發展體制機制改革的意見》，對人才發展體制機制改革作出全面部署。黨的十九大以來，圍繞實行以增加知識價值為導向的分配政策，國家支持和鼓勵事業單位專業技術人員創新創業，深化職稱制度改革，深化項目評審、人才評價、機構評估改革，以及為科研人員減負鬆綁等出台一系列指導意見和專項行動，有力地推動了人才發展體制機制的逐步完善。

第三，堅持聚天下英才而用之。黨的十八大以來，我國進一步加大了引進海外人才的力度。黨的十八大報告提出，"充分開發利用國內國際人才資源，積極引進和用好海外人才。"2021 年 9 月，習近平總書記在中央人才工作會議上的講話中強調，要"用好全球創新資源，精準引進急需緊缺人才，形成具有吸引力和國際競爭力的人才制度體系，加快建設世界重要人才中心和創新高地"。

第四，堅持營造識才愛才敬才用才的環境。黨的十八大提出，"要尊重勞動、尊重知識、尊重人才、尊重創造，加快確立人才優先發展戰略佈局，造就規模宏大、素質優良的人才隊伍，推動我國由人才大國邁向人才強國。"黨的十九大以來，黨中央出台一系列措施，積極推動營造有利於人才成長和發揮作用的社會環境、制度環境、生活環境、社會氛圍。

第五，堅持弘揚科學家精神。黨的十九大以來，黨中央高度重視作風學風建設。2019 年 5 月，中共中央辦公廳、國務院辦公廳印發《關於進一步弘揚科學家精神加強作風和學風建設的意見》，就崇尚學術民主，堅守誠信底線，反對浮誇浮躁、投機取巧，反對科研領域"圈子"文化作出系統部署，著力營造風清氣正的科研環境。

（三）新時代創新人才隊伍蓬勃發展

在以習近平同志為核心的黨中央堅強領導下，我國創新人才隊伍規模日益宏大、結構日益合理、效能日益凸顯，創新人才國際競爭力穩步增強。

第一，創新人才隊伍快速壯大。全國專業技術人才從 2010 年的 5550.4 萬人增長至 2019 年的 7839.8 萬人。我國科學家對全球科學界的影響力顯著增強。2020 年，在科睿唯安公司公佈的全球 6167 位高被引科學家中，我國內地上榜 770 人次，位居全球第二。

第二，創新人才結構大幅優化。截至 2019 年底，主要勞動年齡人口受過高等教育的比例從 2010 年的 12.5％提高到 21.2％。專業技術人才中本科及以上學歷人員的比例由 35.9％躍升至 48％。

第三，創新人才"雙向流動"步伐加大。2013 年至 2019 年，我國出國留學人數從 41.4 萬人增至 70.4 萬人，留學回國人數從 35.4 萬人增至 58 萬人。2013 年，《中華人民共和國外國人入境出境管理條例》增設"人才簽證"（R 簽）類別；2017 年，全面實施外國人來華工作許可制度；2019 年，國家移民局在全國範圍內推廣 12 條移民與出入境便利政策。截至 2021 年 9 月，全國累計發放外國人工作許可超過 70 萬份。

第四，科技創新領軍人才持續湧現。通過實施一系列人才計劃，一大批愛黨愛國、專業精深、品德崇高的科技英才從科技創新主戰場中不斷成長和脫穎而出。為中國"巡天探地潛海"填補多項技術空白的地球物理學家黃大年，FAST（500 米口徑球面射電望遠鏡）工程的奠基人南仁東，行走藏地 50 萬公里、收集種子 4000 萬顆的復旦大學生命科學學院教授鍾揚，投身祖國航空事業 30 年、矢志不渝航空報國的殲—15 艦載機工程總指揮羅陽，讓 140 萬畝荒山重現綠色、帶領 10 萬農民脫貧致富的河北大學教授李保國；等等，這些傑出創新人才，為我國科技發展作出巨大貢獻，也為科技界樹立了光輝楷模。

四、新技術新業態新產業蓬勃發展

黨的十八大以來，黨中央高度重視全球新一輪科技革命和產業變革帶來的機遇，針對新科技革命和產業變革的大方向大趨勢，制定了一系列戰略和政策，有力地推動了我國新技術、新業態、新產業的快速發展。

（一）敏銳把握新一輪產業變革機遇

黨的十八大以來，以習近平同志為核心的黨中央多次強調，要牢牢把握科技進步大方向和產業革命大趨勢，贏得新一輪全球科技競爭的戰略主動。早在 2013 年，習近平總書記在中國科學院考察工作時就指出，"實施創新驅動發展戰略，首先要看清世界科技發展大勢"。習近平總書記在十八屆中央政治局第九次集體學習時強調，新一輪科技革命和產業變革正在孕育期，一些重要科學問題和關鍵核心技術已經呈現出革命性突破的先兆，新科技革命和產業變革將是最難掌控但必須面對的不確定性因素之一，抓住了就是機遇，抓不住就是挑戰。為此，他指出，要密切跟蹤、科學研判世界科技創新發展的趨勢，看到差距，找準問題，對看準的方面超前規劃佈局，將成熟的思路及時轉化為政策舉措。

針對新科技革命的大方向，習近平總書記在 2021 年中國科學院第二十次院士大會、中國工程院第十五次院士大會、中國科協第十次全國代表大會上明確指出，新一輪科技革命和產業變革已 "突飛猛進"，科研範式變革、學科交叉融合，科技和經濟社會加速滲透。他從四個維度強調，"科技創新廣度顯著加大，宏觀世界大至天體運行、星系演化、宇宙起源，微觀世界小至基因編輯、粒子結構、量子調控，都是當今世界科技發展的最前沿。科技創新深度顯著加深，深空探測成為科技競爭的制高點，深海、深地探測為人類認識自然不斷拓展新的視野。科技創新速度顯著加快，以信息技術、人工智能為代表的新興科技快速發展，大大拓展了時間、空間和人們認知範圍，人類正在進入一個 '人機物' 三元融合的萬物智能互聯時代。生物科學基礎研究和應用研究快速發展。科技創新精度顯著加強，對生物大分子和基因的研究進入精準調控階段，從認識生命、改造生命走向合成生命、設計生命，在給人類帶來福祉的同時，也帶來生命倫理的挑戰。"

針對新產業變革的大趨勢，習近平總書記在地方考察工作時強調，"要從實際出發，著眼於全球產業發展和變革大趨勢，瞄準世界產業發展制高點，以提高技術含量、延長產業價值鏈、增加附加值、增強競爭力為重點，發展戰略性新興產業，發展先進製造業，發展以生產性服務業為重點的現代服務業，推動工業化和信息化深度融合，盡快形成結構優化、功能完善、附加值高、競爭力強的現代產業體系"。

加快數字化發展和綠色低碳轉型是習近平總書記高度重視並親自謀劃推動的重大領域。習近平總書記在中央政治局第三十四次集體學習時強調，數字經濟發展速度之快、輻射範圍之廣、影響程度之深前所未有，正在成為重組全球要素資源、重塑全球經濟結構、改變全球競爭格局的關鍵力量。要站在統籌中華民族偉大復興戰略全局和世界百年未有之大變局的高度，統籌國內國際兩個大局、發展安全兩件大事，充分發揮海量數據和豐富應用場景優勢，促進數字技術與實體經濟深度融合，賦能傳統產業轉型升級，催生新產業新業態新模式，不斷做強做優做大我國數字經濟。習近平總書記還強調，要緊跟國際能源技術革命新趨勢，以綠色低碳為方向，分類推動技術創新、產業創新、商業模式創新，狠抓綠色低碳技術攻關，加快先進適用技術研發和推廣應用，大力推進經濟、能源、產業結構轉型升級。

　　"努力成為世界主要科學中心和創新高地"，是習近平總書記對把握新一輪科技革命和產業變革新機遇指明的重大戰略方向。他特別強調，進入21世紀以來，全球科技創新進入空前密集活躍的時期，新一輪科技革命和產業變革正在重構全球創新版圖、重塑全球經濟結構，科學技術從來沒有像今天這樣深刻影響著國家前途命運，從來沒有像今天這樣深刻影響著人民生活福祉。中國要強盛、要復興，就一定要大力發展科學技術，努力成為世界主要科學中心和創新高地。形勢逼人，挑戰逼人，使命逼人。我們比歷史上任何時期都更需要建設世界科技強國！我國廣大科技工作者要把握大勢、搶佔先機，直面問題、迎難而上，瞄準世界科技前沿，引領科技發展方向，肩負起歷史賦予的重任，勇做新時代科技創新的排頭兵。

（二）努力搶佔全球科技競爭制高點

　　遠近結合，構築先發優勢。我國在深入實施"國家科技重大專項（2006—2020年）"的基礎上，面向2030年繼續部署啟動一批"科技創新2030—重大科技項目"，形成遠近結合、梯次接續的系統佈局。圍繞現代農業、新一代信息技術等十大領域構建現代產業技術體系，圍繞生態環保、人口健康等五大領域構建支撐民生改善和可持續發展的技術體系，圍繞"深空、深海、深地、深藍"發展保障國家安全和戰略利益的技術體系，部署人工智能、量子信息、腦科學和類腦研究等超前技術，更關注顛覆性技術對產業變革的影響，為更多發揮依託先發優勢的引領型發展提供支撐。

　　革故鼎新，瞄準強國建設。建設科技強國、質量強國、航天強國、交通強國、網絡強國、數字中國、智慧社會，是順應中國特色社會主義進入新時代的新要求作出的一系列重要部署。從工業強基工程到加快發展先進製造業、開展質量提升行動，大力發展一批戰略性新興產業集群，以及在中高端消費、創新引領、綠色低碳、共享經濟、現代供應鏈、人力資本服務等領域培育新增長點，旨在促進產業邁向全球價值鏈中高端。從實施國家大數據戰略、"互聯網＋"行動計劃、信息化發展戰略，到數字經濟發展規劃、新一代人工智能規劃、智能製造、工業互聯網，再到新型基礎設施建設、數字政府建設以及平台經濟規範健康發展，旨在做優做強做大數字經濟。

（三）前沿技術突破和新經濟新動能培育成效明顯

　　前沿科技領域取得突破性進展。十年來，我國在一些前沿方向已逐步進入"並跑"、"領跑"階段，科技實力從量的積累向質的飛躍、從點的突破向系統能力提升轉變。第一，在戰略高技術領域取得了一大批重大原創成果。載人航天、探月工程、載人深潛、超級計算、北斗導航等領域取得重大突破，成為維護國家戰略利益和國家安全的利器。第二，在重要領域和高端產業取得了新跨越。高速鐵路、新一代移動通信、核電、大飛機、新能源汽車、特高壓輸變電、高難度油氣田、雜交水稻等重大創新成果加速應用。據統計，2012—2021 年，我國國內（不含港澳台）戰略性新興

產業 "有效發明專利" 從 33.6 萬件增至 79.2 萬件。第三,在服務人民生命健康上發揮了重要作用,民生科技領域取得顯著成效。醫用重離子加速器、磁共振、彩超、CT 等高端醫療裝備國產化替代取得重大進展。

　　以數字經濟為代表的新經濟蓬勃發展。以新產業、新業態、新商業模式為核心內容的經濟活動的集合佔 GDP 的比重在 2016—2020 年分別為 15.3%、15.7%、16.1%、16.3%、17.1%。高技術製造業佔規模以上工業增加值比重也從 2012 年的 9.4% 提高到 2020 年的 15.1%。數字經濟總量已躍居世界第二,成為引領全球數字創新的重要策源地。2020 年,我國數字經濟核心產業增加值佔 GDP 比重達到 7.8%。製造業重點領域企業關鍵工序數控化率、數字化研發設計工具普及率分別由 2016 年的 45.7% 和 61.8% 增至 2020 年的 52.1% 和 73%。2015—2020 年,電商交易額由 21.8 萬億增至 37.2 萬億,網上零售額連續 8 年位居世界第一。

　　科技型創業活力加速迸發。伴隨我國創新創業環境不斷優化,蘊藏在廣大人民群眾之中的無窮智慧和創造力被持續激發。2015—2020 年,我國經濟發展新動能指數也從 119.6 大幅增至 440.3,近三年平均增速超 30%。第一,企業創新主體作用顯著增強。2012—2020 年,規模以上工業企業的研發機構總數、研發經費支出均翻了一番,研發強度從 0.77% 增至 1.41%。企業創新調查數據顯示,規模以上工業企業開展技術創新活動的比重從 2013 年 34.1% 增至 2020 年的 52.1%。中小企業創業創新也越發活躍,專業化水平持續提升,已培育 4 萬多家 "專精特新" 企業、4700 多家 "小巨人" 企業、近 600 家製造業單項冠軍企業。第二,創新創業服務加速升級。2012—2019 年,科技企業孵化器數量從 1239 家增至 13209 家。第三,高成長初創企業加速集聚。據 CB Insights 數據,截至 2020 年底,中國已有 145 家獨角獸企業,全球佔比約 20%,居世界第二位。

五、科技體制改革成果豐碩

　　黨的十八大以來，我們堅持科技創新和制度創新"雙輪驅動"，通過科技體制改革打通科技創新與經濟社會發展通道，激發了科技第一生產力、創新第一動力的巨大潛能。

（一）科技體制改革不斷深化

　　黨的十八大以來，習近平總書記高度重視科技體制改革對促進創新的重要作用，指出深化科技體制改革的目標是消除科技創新中的"孤島現象"，關鍵是處理好政府與市場的關係，為新時代深化科技體制改革提供了根本遵循和行動指南。2013 年 3 月，習近平總書記在參加全國政協十二屆一次會議的科協、科技界委員聯組討論時指出，提高自主創新能力需要從體制機制等多方面來保證。2014 年 6 月，習近平總書記在中國科學院第十七次院士大會、中國工程院第十二次院士大會上的講話，進一步闡述了科技體制改革對於科技創新的重要性，指出如果把科技創新比作我國發展的新引擎，那麼改革就是點燃新引擎必不可少的點火系，只有把科技體制改革的火點燃，才能把創新驅動的新引擎全速發動起來。2013 年 9 月，習近平總書記在十八屆中央政治局第九次集體學習時指出，科研和經濟聯繫不緊密問題，是多年來的一大痼疾；改革的目標只有一個，那就是要進一步打通科技和經濟社會發展之間的通道。他強調，要堅持科技面向經濟社會發展的導向，圍繞產業鏈部署創新鏈，圍繞創新鏈完善資金鏈，消除科技創新中的"孤島現象"。2013 年 9 月，習近平總書記在十八屆中央政治局第九次集體學習時指出，推動科技創新與經濟社會發展緊密結合，根本上要靠改革，關鍵是要處理好政府和市場的關係。

　　圍繞習近平總書記關於科技體制改革的系列指示精神，黨中央、國務院及相關部門從改革方案制定、資源配置、計劃項目管理、人才評價激勵等各方面出台了科技體制改革的一系列重大舉措。

　　制定方案，全面部署，持續完善科技體制改革頂層設計。2015 年 9 月，中共中央、國務院印發了《深化科技體制改革實施方案》，形成系統、全面、可持續的改革部署和工作格局。2021 年 11 月，中央全面深化改革委員會第二十二次會議審議通過《科技體制改革三年攻堅方案（2021—2023 年）》，提出核心科技力量、企業主體作用和政府管理職能等關鍵領域的改革框架，包括構建關鍵核心技術攻關的高效組織體系，建立使命驅動、任務導向的國家實驗室體系，改革創新重大科技項目立項和組織管理方式等。

　　整合資源，優化佈局，逐步構建完善科技創新體系。《深化科技體制改革實施方案》提出，要建立現代創新治理結構，內容包括：明確政府和市場分工，持續推進簡政放權、放管結合、優化服務改革，推動政府職能向創新服務轉變；優化中央與地方分工，強化上下聯動和統籌協調；調整資源配置機制，引導社會資源向創新集聚，提高資源配置效率，形成政府引導作用與市場決定性作用有機結合的創新驅動制度；培育創新生態，激發全社會的創造活力，營造崇尚創新創業的文化環境。2016 年 8 月，國務院印發《"十三五"國家科技創新規劃》，作出兼顧當前和長遠的重大科技戰略佈局，包括推進顛覆性技術創新，構築國家先發優勢，支持北京、上海建設具有全球影響力的科技創新中心，推動國家自主創新示範區和高新區創新發展，系統推進全面創新改革試驗，大力發展科技服務業，提升面向創新全鏈條服務能力，支持眾創眾包眾扶眾籌，服務實體經濟轉型升級。

　　整合項目，優化機制，推進政府科技計劃項目改革。2014 年 12 月，國務院印發《關於深化中央財政科技計劃（專項、基金等）管理改革方案》，將原國家重點基礎研究發展計劃、國家高技術研究發展計劃、國家科技支撐計劃、國際科技合作與交流專項、產業技術研究與開發基金和公益性行業科研專項等整合為國家重點研發計劃，開展針對事關國計民生的重大社會公益性研究，事關產業核心競爭力、整體自主創新能力和國家安全的戰略性、基礎性、前瞻性研究。近年來，各部門積極開展計劃項目組織模式探索，在採用前補助方式支持的重點研發計劃項目中，實施"揭榜掛帥"、"賽馬"等新型組織機制的項目，最大限度吸引研發力量參與。優化科研管理流程，簡化科研項目申報和過程管理，賦予科研人員更大技術路線決策權、科研單位科研項目經費管理使用自主權。建立自由探索和顛覆性技術創新活動免責機制。優化科研項目評審管理，國家科技計劃項目指南編制工作吸收相關部門、行業、地方以及產業界、科技社團、社會公眾共同參與。

　　全面評價，破除"四唯"，健全科學評價體系和激勵機制。2018 年 7 月，國務院印發《關於優化科研管理提升科研績效若干措施的通知》，要求切實精簡人才"帽子"，開展"唯論文、唯職稱、唯學歷"問題集中清理，加大對承擔國家關鍵領域核心技術攻關任務科研人員的薪酬激勵。2021 年 8 月，國務院辦公廳印發《關於完善科技成果評價機制的指導意見》，提出根據科技成果特點和評價目的，有針對性、多元化評價成果。引導規範科技成果第三方評價，發揮行業協會、學會、研究會、專業化評估機構等在科技成果評價中的作用。堅決破解科技成果評價中的"唯論文、唯職稱、唯學歷、唯獎項"問題，全面糾正科技成果評價中單純重數量指標、輕質量貢獻等不良傾向。

（二）科技體制改革成效顯著

科技體制改革作為科技創新的“推進器”，從頂層設計到制度落地成效斐然，科技體制的主體架構已經確立，重要領域和關鍵環節改革取得實質性突破。

實現了科技管理向科技治理轉型。黨的十八大以來，科技體制“去行政化”成果卓著，管制、控制、主導性的科研管理活動轉化為理解、尊重、服務性的活動，科研人員實現由“被動”向“主動”的地位轉變，政府的著力點從創新活動本身拓展到公平競爭環境、激勵企業和全社會的創新行為。通過改革，主要依靠行政手段管理科技工作的局面得到顯著改變，市場機制在科技資源配置中扮演基本角色，政府科技計劃項目實施的競爭資助機制有效完善。法治、規則和程序上全面落實深化科技體制改革的措施，通過治理體系的設計，強調科技管理科學自主性，促使政府職能回歸宏觀戰略制定和宏觀政策引導，同時強化企業、科研院所、科研人員、科學共同體等在政策過程中的協同共治。

實現了科技資源配置的整體統籌優化。以科技計劃統籌為切入點，採取問題導向、目標導向的方式，針對科技計劃體系重複、封閉、各自為政等導致資金使用效率不高的問題，整合了中央各部門管理的上百項科技計劃（專項、基金等），形成五類科技計劃（專項、基金等）並統一規劃和監督；打破條塊分割和利益格局，圍繞產業鏈重新佈局創新鏈，根據創新鏈佈局科技計劃經費。

實現了激發人才創新活力的機制突破。遵循科技創新規律，以人為本，強化激勵，下放了科技經費預算調整權限，允許部分直接費用調劑使用，允許設立績效獎勵等間接費用，簡化預算編制，給予科研單位更多經費管理自主權，放寬科研人員出國交流限制，長期困擾科研人員的經費管理得以“鬆綁”，奠定了激發人才創新活力的基礎。2016 年 11 月，中共中央辦公廳、國務院辦公廳印發《關於實行以增加知識價值為導向分配政策的若干意見》，提出要“把人作為政策激勵的出發點和落腳點”，探索不同科學門類知識價值實現的有效方式，推動形成體現增加知識價值的收入分配機制；並提出對科研人員實施股權、期權、知識產權的激勵政策，把科研成果的所有權、處置權和收益分配權“下放”給單位，允許科研人員和教師依法依規適度兼職兼薪，調動科研院所和高校人員創新創業熱情。實行以增加知識價值為導向的分配政策，這是國家層面第一次明文提出將“知識價值”作為收入分配的衡量標誌，有著里程碑的意義。

　　促進了科技與經濟的緊密結合。黨的十八大以來，以科技成果使用處置收益權管理改革為突破口，科技成果轉化的政策機制不斷完善。成果轉化的政策實現了多方面的突破：完善了科技成果市場化定價機制；加大了對成果完成人和轉化人的激勵力度，獎勵比例從不低於轉化淨收入的 20％大幅提高到不低於 50％；完善了科技成果評價體系和相關處置、收益、分配、發佈等制度。通過構建成果轉化法律法規體系和服務支撐體系，打通成果轉化通道，進一步推動了技術市場的發展。

第三章

協調：

國家發展整體性持續增強

　　黨的十八大以來，在習近平新時代中國特色社會主義思想的指引下，我們牢牢把握中國特色社會主義事業總體佈局，適應新發展階段社會主要矛盾的變化，著力促進經濟社會協調發展。十年來，我國城鄉差距顯著縮小，城鄉一體化發展取得明顯進展；各地優勢充分發揮，基本公共服務均等化持續推進，區域差距有效縮小；產業結構顯著優化，一大批新興產業快速崛起，製造業正在發生由大變強的演變，產業鏈供應鏈現代化水平明顯提高，國家發展的整體性、協調性持續增強。

一、城鄉邁向融合發展的新階段

　　黨的十八大以來，以人為核心的新型城鎮化深入推進，城鎮化品質進一步提升，美麗鄉村建設取得巨大成效，城市帶動鄉村更為有力，鄉村支持城市更為廣泛，工農互促、城鄉互補的新型工農城鄉關係加快形成。

（一）全面實施城鄉融合發展和鄉村振興戰略

　　黨的十九大首次將"城鄉融合發展"寫入黨的文件，強調要建立健全城鄉融合發展體制機制和政策體系，為我國構建新型工農城鄉關係指明了路徑，標誌著中國特色社會主義工農城鄉關係進入新的歷史時期。2019年4月，中共中央、國務院印發《關於建立健全城鄉融合發展體制機制和政策體系的意見》，強調要加快建立健全城鄉融合發展體制機制和政策體系，處理好農民和土地、農民和集體、農民和市民的關係，推動人才、土地、資本等要素在城鄉間雙向流動和平等交換，激活鄉村振興內生活力，開啟城鄉融合發展和現代化建設新局面。要健全多元投入保障機制，增加對農業農村基礎設施建設投入，加快城鄉基礎設施互聯互通。要建立健全城鄉基本公共服務均等化的體制機制，推動公共服務向農村延伸、社會事業向農村覆蓋。要把縣域作為城鄉融合發展的重要切入點，賦予縣級更多資源整合使用的自主權，強化縣城綜合服務能力。

　　黨的十九大指出，農業農村農民問題是關係國計民生的根本性問題，必須始終把解決好"三農"問題作為全黨工作的重中之重，實施鄉村振興戰略。習近平總書記指出，要推動農業農村經濟適應市場需求變化、加快優化升級、促進產業融合，加快推進農村生態文明建設、建設農村美麗家園，弘揚社會主義核心價值觀、保護和傳承農村優秀傳統文化、加強農村公共文化建設、提高鄉村社會文明程度，推進鄉村治理能力和水平現代化、讓農村既充滿活力又和諧有序，不斷滿足廣大農民群眾日益增長的美好生活需要。

（二）城鎮帶動鄉村發展的能力顯著提升

黨的十八大報告提出，要"堅持走中國特色新型工業化、信息化、城鎮化、農業現代化道路"。2013年中央城鎮化工作會議強調，要以人為本，推進以人為核心的城鎮化。2014年3月，《國家新型城鎮化規劃（2014—2020年）》明確要求，新型城鎮化要"以人的城鎮化為核心"。《中華人民共和國國民經濟和社會發展第十四個五年規劃和二〇三五年遠景目標綱要》進一步強調，要"堅持走中國特色新型城鎮化道路，深入推進以人為核心的新型城鎮化戰略"。

在這一戰略的指導下，我國已形成了以城市群為主體、以都市圈為依託，大中小城市和小城鎮協調發展的城鎮體系。城鎮化水平迅速提升，我國常住人口城鎮化率從2012年的53.10%增至2020年63.89%，年均增長約1.35個百分點，年均新增城鎮人口約2000萬人。我國以19個國家級城市群為基本藍圖的城鎮化格局正在形成。2020年，這19個城市群承載了我國75%以上的城鎮人口、貢獻了全國80%以上的國內生產總值。

在這一戰略的指導下，城市基礎設施和公共服務明顯改善。2020年中國城市供水普及率和燃氣普及率分別達到99%和98%，城市污水處理率和生活垃圾無害化處理率分別達到97.5%和99.7%，城市建成區綠化覆蓋率達42.1%。居民基本生活需求得到充分保障，教育資源更優質，醫療體系更完善，出行方式更便捷，就業機會更多元，住房保障更完備。文化娛樂供給更加充分，質量不斷提升，居民有更多選擇，也更普惠。城市人居環境明顯改善，望得見山、看得見水、記得住鄉愁的美好願景正在生動

（單位：%）

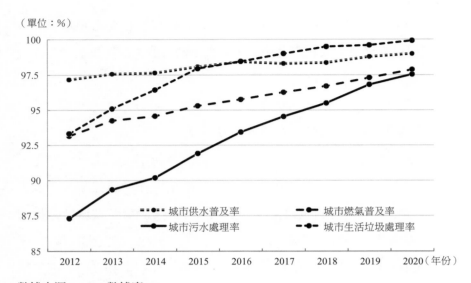

數據來源：wind 數據庫。

2012—2020 年我國城市基礎設施日趨完善

展現出來。保護歷史遺存、留住城市記憶、延續城市文脈正在成為城市建設的新常態。

　　城鎮帶動鄉村發展的能力顯著提升。新型城鎮化的快速發展提升了城鎮吸納農村剩餘勞動力的能力，促進農村資源配置效率的提升，推動農村居民收入水平的顯著增長。2012—2020 年，城鎮就業佔比提升 13 個百分點。農村居民人均工資性收入從 2012 年的 3447.5 元增至 2020 年 6973.9元，年均增長 9.2%。新型城鎮化的快速推進還為鄉村振興提供更大市場和更多的資金支持。2012—2020 年，土地出讓金用於支持農業農村發展資金增長了四五倍。另外，城鎮化發展可以輻射帶動農村基礎設施和配套設施建設，促使鄉村基本公共服務水平的顯著提升。

（三）鄉村支持城市發展的基礎更為堅實

　　鄉村振興戰略深入實施，農業全面升級、農村全面進步、農民全面發展的目標逐步實現。農業現代化建設邁上新台階。2020 年，我國果菜茶肉蛋魚等產量穩居世界第一，糧食產量連續 6 年穩定在 1.3 萬億斤以上。農業科技進步貢獻率突破 60％，全國農作物耕種收綜合機械化率超過 70％，主要農作物良種實現全覆蓋。全國家庭農場超過 100 萬家，農民合作社達到 222.5 萬家，農業社會化服務組織達到 89.3 萬個，成為引領現代農業發展的主力軍，有力推動了小農戶與現代農業有機銜接。農產品質量安全監測合格率穩定在 97％以上，質量興農、綠色興農成為現代農業主旋律。

農村生產生活條件明顯改善，鄉村面貌發生了較大變化。2020 年，具備條件的建制村全部通硬化路，自來水普及率達到 83％，衛生廁所普及率超過 68％，生活垃圾收運處置體系已覆蓋全國 90％以上的行政村，全國行政村通光纖、通 4G 網絡比例均超過 98％。

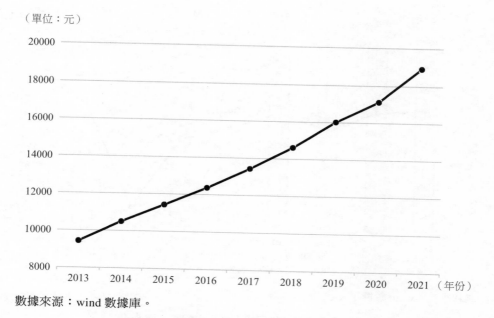

（單位：元）

數據來源：wind 數據庫。

2013—2021 年全國農村居民人均可支配收入增長情況

　　十年來，農民收入持續較快增長，農村居民人均可支配收入提前 1 年實現比 2010 年翻一番目標。農民收入結構更加優化，務農、外出打工、在鄉創業成為增收的主要手段。2019 年，農村居民人均可支配收入達到 16021 元，提前 1 年實現翻一番目標。2021 年，農民收入水平實現新提升，全年農村居民人均可支配收入達到 18931 元，實際增長 9.7％。

（四）新型工農城鄉關係加快形成

　　黨的十八大以來，我國採取了一系列舉措深入推動 "工業反哺農業、城市支持農村"，堅持多予少取放活方針，全面實施鄉村振興戰略。在一系列政策的支撐下，我國城鄉發展差距顯著縮小，城鄉融合發展的程度不斷提升，工農互促、城鄉互補、協調發展、共同繁榮的新型工農城鄉關係加快形成。城鄉統一的戶口登記制度全面建立，中小城市落戶限制全面取

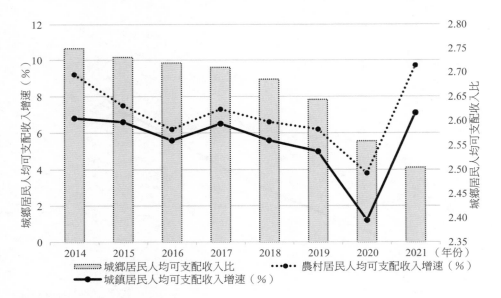

數據來源：wind 數據庫。

2014—2021 年我國城鄉居民人均可支配收入增速和收入比

消，大城市落戶條件全面放寬，農業轉移人口市民化取得了重大進展。"十三五"期間，約 1 億左右農業轉移人口在城鎮落戶，農業轉移人口城鎮化進程不斷加速。2021 年，農村居民人均可支配收入實際增長 9.7%，高於城鎮居民收入增速 2.6 個百分點。農村居民收入增長連續 14 年快於城鎮，城鄉居民人均可支配收入比從 2012 年的 2.88 降至 2021 年的 2.50。

城鄉基本公共服務均等化扎實推進。建立了城鄉統一的居民基本養老保險制度、居民基本醫保和大病保險制度，全國 95% 的縣通過縣域義務教育基本均衡發展評估認定，城鄉均等的公共就業創業服務水平明顯提升。城鄉教育資源均衡配置機制、鄉村醫療衛生服務體系、城鄉公共文化服務體系、統一城鄉的社保制度等一系列基本公共服務制度體系更加健全。

城鄉融合發展的程度不斷提升。城鎮為農業農村發展提供人才、資金、科技支撐，為進入城鎮的農村居民提供越來越多的就業機會和越來越完善的基本公共服務。鄉村不僅是城市的"米袋子"、"菜籃子"，讓城市居民吃得更好、更健康，而且為城市發展輸送更多建設者、提供龐大消費市場。

二、區域協調發展新格局正在形成

黨的十八大以來，我們堅持實施區域協調總體戰略，推出一系列新的重大區域戰略，推動東、中、西和東北地區協調發展，加快優化國土空間開發格局，優勢互補、高質量發展的區域經濟佈局加快實現。

（一）推動形成優勢互補高質量發展的區域經濟佈局

　　我國經濟已從高速發展階段轉向高質量發展階段，區域協調發展的要求也必然發生變化。針對區域發展過程中出現的發展分化態勢明顯、發展動力極化現象日益突出和部分區域發展面臨較大困難等新情況和新問題，習近平總書記強調，我國幅員遼闊、人口眾多，各地區自然資源稟賦差別之大在世界上是少有的，統籌區域發展從來都是一個重大問題，新形勢下不能簡單要求各地區在經濟發展上達到同一水平，而是要根據各地的條件，走合理分工、優化發展的路子。習近平總書記指出，新形勢下的區域協調發展，要按照客觀經濟規律調整完善區域政策體系，發揮各地區比較優勢，促進各類要素合理流動和高效集聚，增強創新發展動力，加快構建高質量發展的動力系統，增強中心城市和城市群等經濟發展優勢區域的經濟和人口承載能力，增強其他地區在保障糧食安全、生態安全、邊疆安全等方面的功能，形成優勢互補、高質量發展的區域經濟佈局。

（二）重大區域發展戰略加快推進

　　習近平總書記高度重視區域發展問題，親自部署推動京津冀協同發展、長江經濟帶發展、粵港澳大灣區建設、長三角一體化發展、黃河流域生態保護和高質量發展等區域重大戰略，為形成新發展階段的空間戰略格局奠基壘柱。

　　京津冀協同發展邁出堅實步伐。目標一致、層次明確、互相銜接的協同發展規劃體系日趨完善，基本公共服務均等化水平持續提高，河北雄安新區和北京城市副中心加快建設，疏解北京非首都功能有力有序有效推進。

　　長江經濟帶綠色發展成效顯著。長江沿線各地區堅持生態優先、綠色發展的戰略定位，堅持共抓大保護、不搞大開發，推動經濟社會發展全面綠色轉型，生態環境突出問題整改取得顯著成效，生態環境保護發生轉折性變化。

粵港澳大灣區建設穩步推進。硬聯通、軟聯通不斷加強，"1＋N"規劃政策體系逐步構建，與國際接軌的開放型經濟新體制加速構建，大灣區國際科技創新中心"兩廊"、"兩點"建設框架初步形成，規則銜接、機制對接工作加快推進，創新要素流動更加便捷。

長三角一體化發展新局面正在形成。政策協同、產業合作、設施共建、服務共享、分工合理的一體化格局逐漸成型，規劃政策體系"四樑八柱"初步構建，多層次工作機制發揮實效，生態綠色一體化發展示範區啟動建設，公共服務共享水平不斷提升，全國發展強勁活躍增長極、全國高質量發展樣本區的定位率先基本實現。

黃河流域生態保護和高質量發展開局良好。生態系統修復加速，新舊動能轉換成效顯著，一批流域治理和生態環境保護修復重大工程謀劃實施。

（三）區域協調發展總體戰略深入實施

黨的十八大以來，我國推動西部大開發形成新格局，推動東北振興取得新突破，推動中部地區高質量發展，鼓勵東部地區加快推進現代化，促進區域協調發展不斷取得新進展。

我國區域發展差距逐步縮小。中部和西部地區生產總值佔全國的比重不斷提高，分別從 2010 年的 19.7％和 18.6％上升至 2020 年的 22.0％和 21.1％。中西部地區經濟增速連續多年高於東部地區，與東部人均地區生產總值差距不斷縮小。省份之間的差距也在不斷縮小，2020 年全國各省（自治區、直轄市）人均地區生產總值最高地區與最低地區的比值為 4.6，顯著低於 2010 年 10.8 的水平。

（單位：%）　　　　　　　　　　地區生產總值佔全國比重

	2010	2011	2012	2013	2014	2015	2016	2017	2018	2019	2020
東部地區	53.1	52.0	51.3	51.2	51.2	51.6	52.6	52.9	52.6	51.9	51.9
中部地區	19.7	20.0	20.2	20.2	20.3	20.3	20.6	20.8	21.1	22.2	22.0
西部地區	18.6	19.2	19.8	20.0	20.2	20.1	20.1	19.9	20.1	20.8	21.1
東北地區	8.6	8.7	8.8	8.6	8.4	8.0	6.7	6.4	6.2	5.1	5.0

數據來源：歷年中國統計年鑒。

2010—2020 年我國區域差距變化情況

　　十年來，各地基本公共服務均等化水平不斷提高，人民生活水平普遍改善。區域間義務教育發展基本均衡，東、中、西部地區九年義務教育師生比基本持平。交通基礎設施通達均衡程度明顯改善，中西部地區鐵路可達性與東部地區之間的差距明顯縮小，西部地區公路密度從 1999 年的 7.8公里 / 百平方公里增加到 2020 年的 32.1 公里 / 百平方公里，在建高速公路、國省幹線公路規模超過東中部總和，有的省份已實現縣縣通高速。東部和西部地區居民人均可支配收入差距不斷縮小。東部產業持續向中西部轉移，中西部地區就業機會和吸引力不斷增加，“十三五” 期間，中西部地區城鎮就業增長對全國的貢獻率超過 50％。

三、產業發展在高端化進程中更加協調

　　黨的十八大以來，我國產業結構持續優化，在全球價值鏈體系中地位不斷提高，綠色化、數字化轉型升級成效逐步顯現，產業協調發展邁上更高水平。

（一）實體經濟加快轉型升級

　　2010 年前後，新一輪科技革命和產業變革在全球範圍內興起，特別是隨著工業 4.0 等智能製造在全球發展，發達國家掀起了再度重視製造業發展，甚至吸引製造業回流的新趨勢，發達國家的再製造業化與我國產業升級相疊加，我國產業發展面臨"後端追趕、前端擠壓"的挑戰更加突出。

　　在這一背景下，黨中央高度重視實體經濟特別是製造業高質量發展。習近平總書記多次強調指出，實體經濟是一國經濟的立身之本、財富之源，製造業是實體經濟的重要基礎。要靠創新驅動來實現轉型升級，通過技術創新、產業創新，在產業鏈上不斷由中低端邁向中高端。要推動製造業高質量發展，主動融入新一輪科技和產業革命，加快數字化、網絡化、智能化技術在各領域的應用，推動製造業發展質量變革、效率變革、動力變革。要健全體制機制，打造一批有國際競爭力的先進製造業集群，提升產業基礎能力和產業鏈現代化水平。

　　黨中央高度重視利用新一輪科技革命和產業變革的最新成果推動製造業高質量發展。黨的十九大報告指出，加快建設製造強國，要推動互聯網、大數據、人工智能和實體經濟深度融合，在中高端消費、創新引領、綠色低碳、共享經濟、現代供應鏈、人力資本服務等領域培育新增長點、形成新動能。

　　黨中央高度重視在產業升級過程中提高產業鏈供應鏈的安全性。2020年，習近平總書記在中央財經委員會第七次會議上的講話中指出，我國完備的產業體系、強大的動員組織和產業轉換能力，為疫情防控提供了重要物質保障。疫情衝擊也暴露出我國產業鏈供應鏈存在的風險隱患。要著力打造自主可控、安全可靠的產業鏈供應鏈，力爭重要產品和供應渠道都至少有一個替代來源，形成必要的產業備份系統。要牢固樹立安全發展理念，加快完善安全發展體制機制，補齊相關短板，維護產業鏈供應鏈安全，積極做好防範化解重大風險工作。

（二）產業結構顯著優化

1. 三次產業結構進一步演進優化

　　在供給側結構性改革系列舉措的支持下，我國實體經濟發展環境不

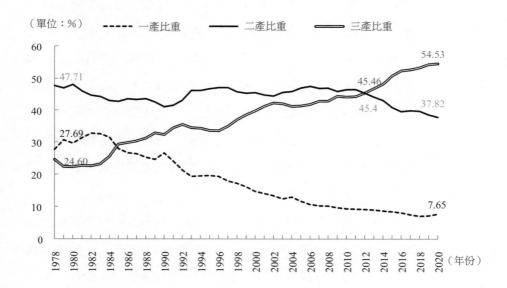

數據來源：中國統計年鑑。

1978—2020 年三次產業結構變動及增速

斷改善，實體經濟得到了快速發展，並帶動產業結構不斷優化。從三次產業看，我國第三產業增加值佔 GDP 的比重 2012 年首次超過第二產業，三次產業增加值佔比為 9.1:45.4:45.5，到 2020 年這一比重調整為 7.7:37.8:54.5，第三產業撐起 "半壁江山"。第三產業的快速發展和佔比提高，反映了工業化後期產業結構調整演進的一般規律，也反映出製造業升級帶動的生產性服務業需求增長的趨勢。

　　服務業比重提升的同時，我國製造業比重保持在適宜的水平。根據 2017 年不變價購買力平價法測算 ①，2020 年我國人均 GDP 為 1.94 萬美元左右，在這一發展水平上，土耳其的製造業比重為 16.2%（2013 年，人均 GDP 為 1.96 萬美元），法國為 20.1%（1970 年，人均 GDP 為 1.89 萬美元），美國為 25.1%（1959 年，人均 GDP 為 1.92 萬美元），韓國為 25.3%（1994 年，人均 GDP 為 1.96 萬美元），都較我國低；只有日本為 28.4%（1976 年，人均 GDP 為 1.89 萬美元）、英國為 30.1%（1973 年，人均

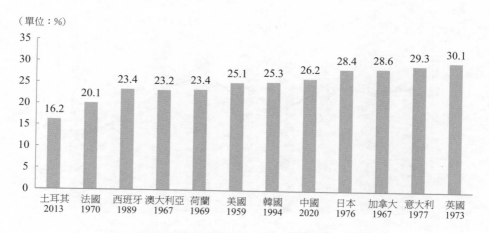

與我國 2020 年相似發展水平時各國的製造業比重

---

① 此處的購買力平價等根據麥迪森 GK 國際元和賓大世界表（PWT10.0）兩種方法的平均值（均為 2017 年不變價）。

GDP 為 1.95 萬美元），高於我國。從國際比較看，在當前發展水平上我國的製造業比重處於中間偏上水平。

2. 製造業內部結構不斷優化升級

服務型製造成為提升附加值的重要渠道。服務型製造，是製造與服務融合發展的新興產業形態，是製造業轉型升級的重要方向。製造業企業通過創新優化生產組織形式、運營管理方式和商業發展模式，不斷增加服務要素在投入和產出中的比重，從以加工組裝為主向 "製造＋服務" 轉型，從單純出售產品向出售 "產品＋服務" 轉變，有利於延伸和提升價值鏈，提高全要素生產率、產品附加值和市場佔有率。工業和信息化部 2017 年公佈了 30 家服務型製造示範企業、60 個示範項目和 30 個示範平台。2018 年又公佈了 33 家示範企業、50 個示範項目和 31 個示範平台。通過三年的發展，服務型製造水平明顯提升，對企業提質增效和轉型升級的促

數據來源：2012—2020 年《國民經濟和社會發展統計公報》。

2012—2020 年高技術製造業增加值佔比及增速

進作用進一步增強，基本實現了與製造強國戰略進程相適應的服務型製造發展格局。

製造業內部高技術製造業佔比持續增長。2012—2020 年，高技術製造業增加值的年均增速幾乎都保持在兩位數左右，高於同期規模以上工業增加值增速約 4 個百分點。高技術製造業佔規模以上工業增加值比重由 2012 年的 9.4％提高到 2020 年的 15.1％。高技術製造業主要包括醫藥製造業，航空、航天器及設備製造業，電子及通信設備製造業，計算機及辦公設備製造業，醫療儀器設備及儀器儀表製造業等，其佔比的提高體現出我國產業結構正在向高技術密集型轉變。

戰略性新興產業佔比穩步提高。十年來，我國在新一代信息技術、新能源、新材料、新能源汽車、生物、節能環保等領域培育了一批戰略性新興產業。2016—2020 年，我國戰略性新興產業增加值增速分別為 10.5％、11％、8.9％、8.4％、6.8％，高出同期工業增加值增速 2.7—4.6 個百分點，2020 年戰略性新興產業佔規模以上工業增加值比重達到 11.7％。戰略性新興產業發展不僅增速快，而且呈現出質量高、效益好等特點，成為經濟高質量發展的新引擎。

3. 生產性服務業加速發展

服務業內部的產業結構顯著優化。一是對實體經濟有重要支撐和促進作用的服務業佔比提升。例如，信息傳輸、軟件和信息技術服務業的規模從 2011 年的 1.03 萬億元增長到 2021 年的 4.40 萬億元，佔服務業的比重從 2011 年的 4.8％提高到 2021 年的 7.2％，比重提高了約一半。另外，我國科學研究和技術服務業也取得了快速發展，自 2011 年到 2019 年，其佔服務業的比重從 3.7％提高到 4.2％。二是反映實體經濟成本的交通運輸業比重有顯著下降。我國交通運輸、倉儲和郵政業佔服務業增加值的比重，從 2011 年的 10.1％下降到 2021 年的 7.7％。三是反映社會服務和居民生

活質量的產業加快發展。例如，衛生和社會工作的比重從 2011 年的 3.4%
提高到 2019 年的 4.2%。

（三）製造業由大變強的進程加快

1. 傳統優勢行業不斷升級

在促進新興產業、高技術高附加值產業大力發展的同時，著力提升傳
統產業的質量效益水平，是過去十年間我國產業發展的重要內容之一。對
此，除了通過供給側結構性改革，為傳統產業降本增效以外，我國還針對
性地開展了一系列行動。一是大力開展工業質量品牌建設。2012 年，工
業和信息化部開展了"工業質量品牌建設年""加快工業品牌培育""千家
企業學標杆，提升質量促轉型"活動。此後，持續組織實施工業質量品牌
能力提升專項行動。重點圍繞提升企業品牌培育能力、質量管理能力和食
品藥品企業質量安全保障能力，明確目標、開展活動，解決突出問題。此
外，還針對我國手機、彩電、服裝家紡等行業開展了專項的品牌建設活
動，並且持續建立工業品牌培育示範企業名單，不斷促進製造業產品和服
務質量提升。二是開展消費品工業"三品"專項行動。2016 年，國務院
部署開展消費品工業"三品"專項行動，針對我國消費品工業核心競爭力
和創新能力仍然較弱，品種、品質、品牌與國際先進水平相比尚有較大差
距，有效供給能力和水平難以適應消費升級的需要的問題，支持我國消費
品工業"增品種、提品質、創品牌"。2016—2020 年，共在 40 座城市開
展消費品工業"三品"戰略示範試點，通過試點示範帶動工業品質量品牌
建設。

十年來，我國原材料、紡織服裝、輕工家電等傳統優勢產業已經進入
國際一流行列。我國鋼鐵、建材、紡織服裝、輕工家電等傳統產業在較好
發展的基礎上，進一步加快轉型升級和創新追趕，發展水平進入世界前

列。我國鋼材產量從不到 9.6 億噸提高到 2020 年的超過 13.2 億噸，在技術工藝水平、節能減排和綠色發展、出口競爭力等方面進一步提升。紡織服裝行業在勞動力成本上升、出口競爭力削弱的情況下，加快向智能製造轉型，強化設計、品牌、高端面料研發能力建設，已經形成全產業鏈綜合優勢，在加快對外直接投資和併購整合的進程中，產業國際競爭力和影響力進一步提高。家電業通過創新帶動質量、品牌升級，帶動產業鏈綜合競爭實力快速提升。目前主要家電產品產量多數居世界前列，其中空調器、微波爐全球比重約為 70％—80％，電冰箱 / 冷櫃、洗衣機比重約為 50％—55％，空調壓縮機比重約為 70％—80％，冰箱壓縮機比重約為 60％—70％。在全球傳播集團 WPP 和谷歌聯手發佈的全球化品牌 50 強中，海爾、海信、創維、小米、TCL、科沃斯、格力等一批家電企業成功入選。

（單位：萬噸）

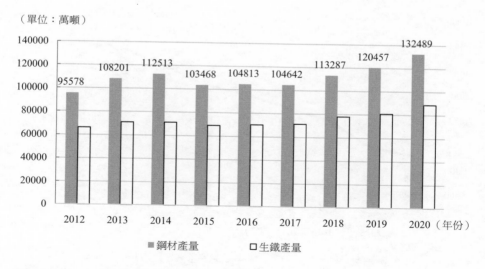

數據來源：2012—2020 年《中國統計年鑒》。

2012—2020 年全國鋼材、生鐵產量

2. 高技術高附加值新興產業快速崛起

　　我國高度重視促進創新發展，對創新驅動進行了全面部署。為推動創新驅動，我國不僅編制了《"十二五"國家自主創新能力建設規劃》《產業技術創新能力發展規劃（2016—2020 年）》等系列規劃，相關部門和各個地方還實施了一系列專項工程，主要包括四個方面：一是大力支持各地積極構建產業技術基礎公共服務平台。自 2016 年我國公佈了第一批19 家產業技術基礎公共服務平台起，至 2021 年共公佈了四批計 125 家平台。二是發展重點實驗室。重點實驗室圍繞我國科技發展戰略目標和重大工程建設，開展基礎研究和應用基礎、重大關鍵技術、產業共性技術的創新性研究，解決工業發展中的技術難題。三是廣泛建立製造業創新中心。到 2021 年 9 月，我國已經佈局了國家動力電池創新中心、國家增材製造

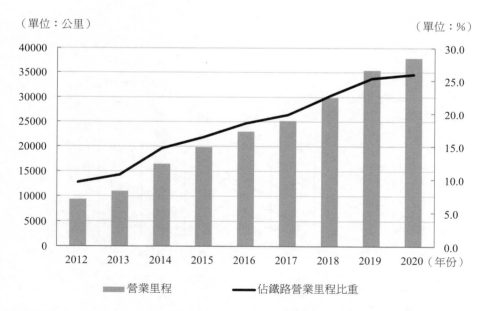

（單位：公里）　　　　　　　　　　　　　　　　　　　　（單位：%）

數據來源：2012—2020 年《中國統計年鑑》、國家鐵路局。

2012—2020 年我國高鐵營業里程及佔鐵路營業里程比重

創新中心、國家機器人創新中心、國家集成電路創新中心等共 17 家國家製造業創新中心。四是不斷優化新型基礎設施建設。我國實施了"寬帶中國"戰略，大力建設 5G、物聯網、大型數據中心等下一代信息基礎設施，不斷提高我國信息基礎設施能力和水平，為產業轉型升級創造基礎設施的支撐。並且大力培育技術創新示範企業，發揮示範企業的榜樣作用。2013—2020 年共認定 403 家國家技術創新示範企業。

　　十年來，我國軌道交通、電力裝備、新能源、通信設備等一批高技術製造業已經成為中國製造新名片。以高鐵為代表的軌道交通發展迅速，依託超大規模國內市場需求優勢，同時加強系統集成創新能力建設，目前已經形成全產業鏈優勢。2012—2020 年我國高鐵運營里程從 9356 公里發展至 37929 公里，佔全國鐵路營業里程的比重從 9.6％提高到 25.9％，客運量從不到 3.9 億人提高到近 15.6 億人，在帶動基礎設施建設投資和相關產業發展的同時，也為社會經濟快速發展注入了強大動能。

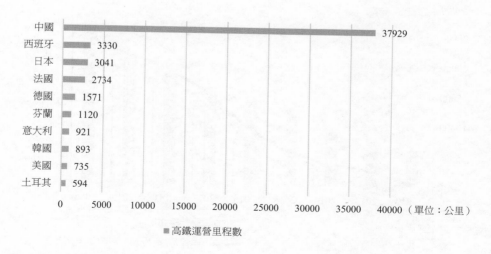

數據來源：前瞻產業研究院。

2020 年全球高鐵運營里程 TOP10 國家

　　十年來，我國光伏、風電產業發展和新能源應用突飛猛進，已經在全球牢牢佔據了一席之地。得益於我國光伏、風電等新能源裝備產業的快速發展，2012─2020 年，我國光伏發電裝機從 341 萬千瓦發展至 2.5 億千瓦，裝機容量佔比從 0.3％提高到 11.5％。風力發電裝機從 6142 萬千瓦提高到超過 2.8 億千瓦，裝機容量佔比從 5.4％提高到 12.8％。我國光伏風電產品和裝備在支撐國內能源轉型的同時，也形成了在國際市場上全產業鏈的出口競爭力。其中光伏玻璃、電池片、光伏逆變器等產品出口份額位居全球第一。

　　十年來，以 5G 為代表的通信設備產業和應用持續快速增長，已形成多個全球領先優勢。一是網絡建設領先，根據工業和信息化部的數據，截至 2021 年 11 月，我國建設 5G 基站超過 139.6 萬個，已建成全球規模最大的 5G 獨立組網網絡，並且 5G 網絡持續向縣城鄉鎮深化覆蓋。二是

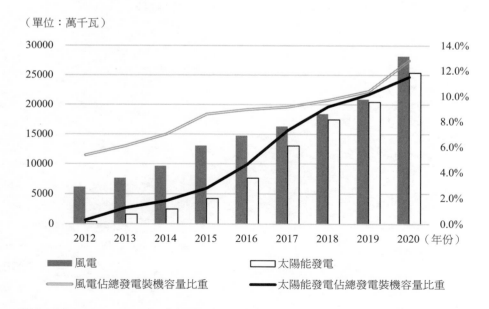

數據來源：2012─2020 年《中國電力年鑒》。

2012─2020 年全國風電、太陽能發電裝機容量及比重

用戶規模領先，5G 手機終端連接數達 4.97 億戶，佔移動電話用戶總數的 30.3％。三是 5G 產業能力領先，我國企業在歐洲電信標準化協會（ETSI）聲明的 5G 標準必要專利中，聲明量佔到了 1/3。四是 5G 應用快速發展，礦山、港口、醫院、電力、交通、教育、文旅、安防、智慧城市的示範應用取得積極成效。

十年來，我國單項冠軍和"專精特新"企業加速發展。製造業單項冠軍企業是指長期專注於製造業某些特定細分產品市場，生產技術或工藝國際領先，單項產品市場佔有率位居全球前列的企業。製造業單項冠軍企業是製造業創新發展的基石，實施製造業單項冠軍企業培育提升專項行動，有利於引導企業樹立"十年磨一劍"的精神，長期專注於企業擅長的領域，走"專特優精"發展道路。我國自 2016 年起，開始專門培育製造業單項冠軍。2017 年共發佈了 54 家示範企業和 50 家培育企業，至 2019 年共發佈四批計 257 家示範企業和 161 項示範產品。2018 年起，工業和信息化部開展了專精特新"小巨人"企業培育工作，2019 年共公佈了 249 家"小巨人"企業。

3. 製造業規模優勢和競爭力進一步提升

促進產業轉型升級中，我國緊緊抓住新一輪科技革命和產業變革機遇，充分利用智能製造、大數據等技術，進行了多方面部署，著力推動製造業轉型升級。一是推廣智能製造工程。自 2015 年起，我國開始大力推廣智能製造項目，印發了《智能製造發展規劃（2016—2020 年）》，產生了一批試點示範項目，2015—2018 年共發佈了試點示範項目計 305 家。二是推進工業強基工程。開展工業強基工程，致力於提升關鍵基礎材料、核心基礎零部件（元器件）、先進基礎工藝、產業技術基礎（簡稱工業"四基"）發展水平，夯實工業發展基礎。自 2014 年起，開展了工業強基專項行動計劃，遴選了工業強基工程重點產品、工藝"一條龍"應用計劃示範企業和示範項目名單。例如 2019 年遴選出傳感器 "一條龍" 應用計劃示範企業 35 家、示範項目 27 個，控制系統 "一條龍" 應用計劃示範企業 32 家、示範項目 51 個。三是開展關鍵技術攻關工程。黨的十八大以來，工業和信息化部等相關部委每年都會發佈《產業關鍵共性技術發展指南》，組織 "新一代寬帶無線移動通信網"、"核高基" 重大專項、國家科技重大專項課題。此外，還採取多種措施加大對重大技術裝備融資支持力度、開展首台（套）重大技術裝備保險補償機制試點，發佈首台（套）重大技術裝備推廣應用指導目錄。2018 年後，還創新採用 "揭榜掛帥" 等新方法推動產業創新重點任務的突破。

十年來，在一系列政策支持下，我國製造業第一大國的地位更加鞏固。根據世界銀行的數據，我國製造業增加值由 2012 年的 2.69 萬億美元提高到 2020 年的 3.85 萬億美元，全球佔比從 22.37％提高到 28.55％。

數據來源：世界銀行。

2011—2020 年中國製造業增加值及全球佔比

（單位：億美元）

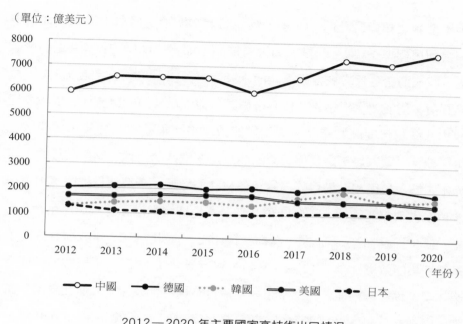

2012—2020 年主要國家高技術出口情況

2018 年我國製造業增加值是美國和日本的總和；2019 年我國製造業增加值約相當於美國、日本、德國之和。

　　我國高技術出口在全球也保持了較高的水平。根據世界銀行數據庫，我國高技術出口從 2012 年的 5938.58 億美元，提高到 2020 年的 7576.83 億美元，規模遠大於德國、美國、韓國、日本等發達國家。當然，我國高技術出口的很大比例還是加工裝配環節，很多關鍵零部件還依賴從發達國家進口，但本土供應鏈正在發展和進步，國內配套的比例在逐步提高。

（四）產業綠色化轉型深入推進

　　我國長期高度重視產業綠色化轉型，並採取了系列政策措施。一是標準引領和推動。我國高度重視利用產品生產和質量標準引導企業不斷提高能源利用效率。每年都要及時更新大量的產品標準。例如，2020 年共安排標準制定和修訂計劃 415 項，其中制定 287 項、修訂 128 項，節能與綜合利用標準 19 項。二是大力推廣節能、節水、減排的技術／產品或裝備。我國通過各種方式推廣節能節水裝備。例如，開展了"能效之星"產品評價，對能效水平領先、核心技術競爭力強以及節能經濟性、環境友好性和社會認可度高的產品，授予"能效之星"稱號並允許使用"能效之星"標誌。國家每年還公佈工業節能技術裝備推薦目錄、國家鼓勵的工業節水工藝、技術和裝備目錄、綠色建材評價標識、新型牆材推廣應用等，多角度推廣節能的技術、裝備和產品。三是持續指導和認證清潔生產／節能／節水／減排的示範企業，發揮榜樣作用。例如，2012 年我國共確定了鋼鐵行業能效標杆企業 12 家、有色金屬行業標杆 15 家、平板玻璃標杆企業 3 家、輕工行業標杆企業 9 家、紡織行業標杆企業 9 家，並在鋼鐵、氮肥、電鍍、印染等 28 個行業培育了 43 家清潔生產示範企業。2020 年，工業和信息化部和市場監管總局在鋼鐵、鐵合金、電解鋁等行業共遴選出 65 家達到行業能效領先水平的"領跑者"企業。四是開展工業節能與綠色發展專項行動／綠色製造專項行動。黨的十八大以後，我國持續開展工業節能與綠色發展專項行動，出台了《2013 年工業節能與綠色發展專項行動實施方案》《"十四五"工業綠色發展規劃》等系列政策或行動，發佈綠色製造業示範名單。例如，2017 年發佈第一批綠色製造示範名單，其中，綠色工廠 201 家，綠色設計產品 193 種，綠色園區 24 家，綠色供應鏈管理示範企業 15 家。

　　十年來，在中央和地方層面政策、標準、法規的引導和推動下，我國產業綠色化轉型成就斐然。相關行業特別是高耗能行業節能減排技術改造的力度進一步加大。總體看，單位 GDP 能耗、水耗、污染物排放等出現了積極的變化，產業發展與資源環境的協調性進一步增強。2012—2020 年，我國萬元 GDP 能耗從 0.83 噸標煤降至 0.55 噸標煤。

（單位：噸標煤／萬元）

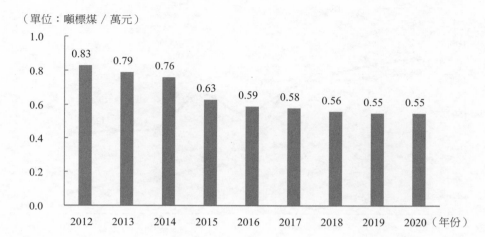

數據來源：2012—2020 年《中國統計年鑒》。

2012—2020 年單位 GDP 能耗

（單位：立方米／萬元）

資料來源：國家水利局、2012—2020 年《中國水資源公報》。

2012—2020 年單位 GDP 水耗

（單位：萬噸）

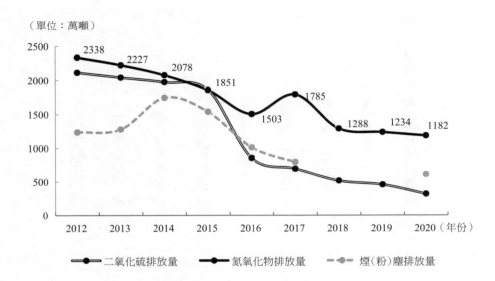

數據來源：2012—2020 年《中國統計年鑒》，統計年鑒缺失煙（粉）塵排放量 2018 年、2019 年數據。

2012—2020 年主要污染物排放情況

　　單位 GDP 水耗進一步下降。萬元 GDP 用水量從 2012 年的 118 立方米降至 2020 年的 57.2 立方米，下降了 51.5%。

　　主要污染物排放指標明顯降低。其中，廢氣中二氧化硫排放量、氮氧化物排放量、煙（粉）塵排放量分別從 2012 年的 2117.63 萬噸、2337.76 萬噸、1235.77 萬噸，降至 318.22 萬噸、1181.65 萬噸和 613.35 萬噸。

（五）產業數字化和數字產業化共同發展

　　黨的十八大以來，黨中央高度重視工業化與信息化融合發展，把兩化融合發展作為促進產業轉型升級的重要途徑，及時提出了促進信息化與工業化融合發展的戰略部署。2013—2018 年開展了《信息化和工業化深度融合專項行動計劃（2013—2018 年）》，制定了《信息化和工業化融合發展規劃（2016—2020 年）》《"十四五"信息化和工業化深度融合發展規劃》，從"企業兩化融合管理體系"標準建設和推廣、企業兩化深度融合示範推廣、電子商務和物流信息化集成創新等多方面系統促進兩化融合。

　　十年來，數字經濟已經成為我國經濟增長新引擎。隨著工業 4.0、智能製造，特別是工業互聯網的進一步發展，我國高度重視應用互聯網促進製造業轉型升級，2017 年發佈了《關於深化"互聯網＋先進製造業"發展工業互聯網的指導意見》，2018 年起實施了《工業互聯網發展行動計劃（2018—2020 年）》，2019 年進一步開展了"5G ＋工業互聯網"512 工程推進方案，2021 年發佈了 121 個物聯網關鍵技術與平台創新類、集成創新與融合應用類示範項目名單。推動企業上雲是促進數字化轉型的又一重要舉措。經過近十年來持續不斷推進，我國產業數字化轉型不斷取得新進

（單位：%）

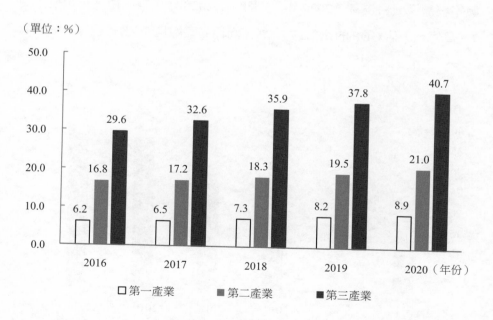

數據來源：中國信息通信研究院《中國數字經濟發展白皮書》。

2016—2020 年中國數字經濟滲透率

展。三次產業數字化滲透率分別由 2016 年的 6.2％、16.8％、29.6％提高到 2020 年的 8.9％、21.0％和 40.7％，產業融合發展向深層次演進。

　　十年來，我國數字產業化深入發展。我國積極推廣工業大數據的發展與應用。工業大數據是工業領域產品和服務全生命周期數據的總稱，包括工業企業在研發設計、生產製造、經營管理、運維服務等環節中生成和使用的數據，以及工業互聯網平台中的數據等。為貫徹落實國家大數據發展戰略，促進工業數字化轉型，激發工業數據資源要素潛力，加快工業大數據產業發展，我國制定了《工業數據分類分級指南（試行）》，開展了《新型數據中心發展三年行動計劃（2021—2023 年）》。數字技術新業態層出不窮，一批大數據、雲計算、人工智能企業創新發展，產業生產體系更加完備，正向全球產業鏈中高端躍進。據中國信息通信研究院發佈的《中國數字經濟發展白皮書（2020 年）》顯示，2020 年，數字產業化規模達到 7.5 萬億元，佔 GDP 的比重為 7.3％，同比名義增長 5.3％。根據中國信息

（單位：萬億元）

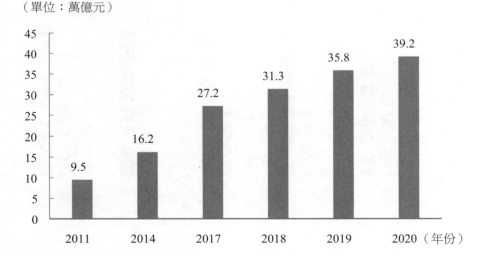

資料來源：中國信息通信研究院，《中國數字經濟發展白皮書》。

2011—2020 年中國數字經濟規模增長情況

通信研究院的測算，2020 年我國數字經濟規模達到 39.2 萬億元，佔 GDP 的比重為 38.6%。數字經濟已成為當前最具活力、最具創新力、輻射最廣泛的經濟形態。

　　黨的十八大以來，我國協調發展取得了突出成就，但依然存在一些短板，未來應按照黨中央的既定部署，全面貫徹新發展理念，以更大的力度促進城鄉、區域和產業協調發展，進一步提高國家發展的整體性，為基本實現現代化和建成現代化強國奠定更雄厚的物質基礎。

第四章

綠色：
人與自然和諧共生建設邁出重大步伐

生態文明建設是關係中華民族永續發展的根本大計。黨的十八大以來，以習近平同志為核心的黨中央，以前所未有的力度抓生態文明建設，明確生態文明建設在黨和國家事業發展全局中的重要地位，以前所未有的魄力推動生態環境保護和綠色發展工作，我國生態文明建設從認識到實踐都發生了歷史性、轉折性、全局性的變化，人與自然和諧共生建設邁出重大步伐。

一、生態文明建設力度空前

　　黨的十八大以來，以習近平同志為核心的黨中央，把生態文明建設擺在治國理政的突出位置，在生態文明建設處於"關鍵期"、"攻堅期"、"窗口期"的重要階段，全面加強黨對生態文明建設的領導，全方位、全地域、全過程加強生態文明建設。

（一）生態文明思想深入人心

　　黨的十八大以來，針對我國生態文明建設領域存在的突出問題和緊迫任務，習近平總書記提出了一系列新理念、新思想、新戰略，形成了習近平生態文明思想。這一思想內涵豐富、博大精深，深刻回答了"為什麼建設生態文明"、"建設什麼樣的生態文明"、"怎樣建設生態文明"等重大理論和實踐問題，集中體現為"生態興則文明興"的深邃歷史觀、"人與自然和諧共生"的科學自然觀、"綠水青山就是金山銀山"的綠色發展觀、"良好生態環境是最普惠的民生福祉"的基本民生觀、"山水林田湖草是生命共同體"的整體系統觀、"實行最嚴格生態環境保護制度"的嚴密法治觀、"共同建設美麗中國"的全民行動觀、"共謀全球生態文明建設之路"的全球共贏觀。習近平生態文明思想，是習近平新時代中國特色社會主義思想的重要內容，是馬克思主義中國化的重大理論成果，是我國新時代生態文明建設的根本遵循，為推動生態文明建設提供了思想指引和實踐指南。

（二）生態文明建設成為現代化不可或缺的重要方面

　　黨的十八大站在歷史和全局的戰略高度，從經濟、政治、文化、社會、生態文明五個方面，制定了新時代統籌推進"五位一體"總體佈局的戰略目標，並對推進新時代"五位一體"總體佈局作了全面部署。黨的十八大通過的《中國共產黨章程（修正案）》，把"中國共產黨領導人民建設社會主義生態文明"寫入黨章，首次把生態文明建設納入執政黨的行動綱領。黨的十九大深刻闡明了習近平新時代中國特色社會主義思想和基本方略的"十四個堅持"，構成新時代堅持和發展中國特色社會主義的基本方略。其中，"堅持人與自然和諧共生"是十四個堅持之一。與此同時，黨的十九大提出了生態文明建設的目標，即從 2020 年到 2035 年，生態環境根本好轉，美麗中國目標基本實現；到本世紀中葉，在基本實現現代化的基礎上，再奮鬥十五年，把我國建成富強民主文明和諧美麗的社會主義現代化強國。根據黨的十九大精神，2018 年 3 月，第十三屆全國人民代表大會第一次全體會議通過的《中華人民共和國憲法修正案》，把生態文明寫入憲法，為生態文明建設提供了國家根本大法遵循。生態文明建設已經全方位體現在中國特色社會主義現代化事業的各層次、各領域，成為中國式現代化新道路的重要組成部分，成為人類文明新形態的重要特徵。

（三）黨對生態文明建設的領導全面加強

　　黨的十八大以來，黨將生態文明建設上升到政治高度來認識和推進。黨中央持續緊抓習近平生態文明思想宣傳闡釋工作，把生態文明納入社會主義核心價值體系，推動全民增強生態環保意識，綠色青山就是金山銀山的理念成為全黨全社會的共識。黨和國家相繼出台了《中共中央國務院關於加快推進生態文明建設的意見》《生態文明體制改革總體方案》，制定了數十項生態文明建設領域的改革方案，從總體目標、基本理念、主要原則、重點任務等多方面，對生態文明建設進行了全面部署，加強了黨對生態建設的全面領導，不斷完善生態文明領域統籌協調機制，健全了黨委領導、政府主導、企業主體、社會組織和公眾參與的現代環境治理體系，構建了一體謀劃、一體部署、一體推進、一體考核的生態文明制度實施機制。黨中央高度重視生態文明建設政策的落實和成效及考核。2018 年 5 月，習近平總書記在第八次全國生態環保大會上，提出建設 "以改善生態環境質量為核心的目標責任體系"。6 月，中共中央、國務院印發《關於全面加強生態環境保護堅決打好污染防治攻堅戰的意見》，進一步提出 "落實領導幹部生態文明建設責任制，嚴格實行黨政同責、一崗雙責"。通過完善工作考核評價機制，實行嚴格問責和 "一票否決"，地方黨委和政府的生態環境保護責任得以全面落實，提高了全黨生態文明建設的自覺性。

二、生態治理體系和治理能力現代化水平顯著提升

自黨的十八大把生態文明建設納入中國特色社會主義事業 "五位一體" 總體佈局以來，黨中央、國務院圍繞生態文明制度體系建設作出一系列部署，使生態文明制度體系逐步建立健全，使生態文明領域國家治理體系和治理能力現代化水平顯著提升。

（一）大力推進生態文明建設和體制改革

強調生態文明建設的頂層設計。2015 年中共中央、國務院先後印發《關於加快推進生態文明建設的意見》和《生態文明體制改革總體方案》，為生態文明建設和生態文明體制改革作了頂層設計。在這兩個文件指導下，制定實施了長江經濟帶綠色發展、黃河流域生態保護和高質量發展、

國家公園體制、生態環境監測體制、河長制、生態保護紅線、生態保護補償、生態保護賠償、生態文明試驗區、生態產品價值實現、生態環境保護督察等領域的一系列改革文件。

重視試點先行的改革策略。為了穩妥開展生態文明體制改革，加強生態文明制度集成創新，中央分別選擇在東部、中部、西部和南部的典型地區福建、江西、貴州、海南設立生態文明試驗區，開展改革試點。為了保障改革試點能夠規範、有序進行，中央討論審議上述四個生態文明試驗區的實施方案，加強試驗區生態文明建設工作並給予指導。同時，為了鼓勵和指導各地以國家生態文明建設示範區為載體，以市、縣為重點，全面踐行"綠水青山就是金山銀山"理念，積極推進綠色發展，不斷提升區域生態文明建設水平，推行國家生態文明建設示範區創建活動，並由生態環境部制定指導意見，以促進生態文明建設示範區創建的規範化。

（二）系統完整的生態文明制度體系逐步確立

黨的十八屆三中全會決定指出，"建設生態文明，必須建立系統完整的生態文明制度體系，用制度保護生態文明"。2015 年中共中央、國務院制定了《生態文明體制改革總體方案》，規劃到 2020 年，構建起由自然資源資產產權制度、國土空間開發保護制度、空間規劃體系、資源總量管理和全面節約制度、資源有償使用和生態補償制度、環境治理體系、環境治理和生態保護市場體系、生態文明績效評價考核和責任追究制度等八項制度構成的產權清晰、多元參與、激勵約束並重、系統完整的生態文明制度體系。黨的十九屆四中全會進一步明確，"堅持和完善生態文明制度體系，促進人與自然和諧共生"。目前，八大制度體系建設的目標都已經實現。

（三）生態環境領域法治建設扎實推進

開展生態文明相關黨內法規建設，促進國家法律的實施。2015 年以來，黨中央、國務院印發了《黨政領導幹部生態環境損害責任追究辦法（試行）》《生態文明建設目標評價考核辦法》《中央生態環境保護督察工作規定》等規範性文件，倒逼地方黨委重視生態環境保護和綠色發展工作，保障國家法律法規的有效實施。

查漏補缺，修訂升級，全面系統提升資源環境領域立法水平。全國人大制定了《中華人民共和國民法典》，規定了綠色原則和生態環境保護侵權責任章節；全國人大常委會制定了《中華人民共和國環境保護稅法》等法律或者決定，修改了《中華人民共和國環境保護法》等專門法律，國務院制定、修訂和實施了《城市市容和環境衛生管理條例》《中華人民共和國自然保護區條例》等行政法規，鞏固了生態保護紅線、生態環境保護補償、生態環境損害賠償、自然資源資產產權、環境信用管理、禁止濫食野生動物等改革成果。全國人大制定《中華人民共和國長江保護法》，推進國家公園法立法進程，開展體制、制度和機制的綜合集成創新。最高人民檢察院、最高人民法院出台了環境刑事犯罪、環境民事侵權、環境公益訴訟等領域的司法解釋，印發了保障污染防治攻堅戰、長江大保護、黃河流域生態保護與高質量發展、碳達峰碳中和領域的司法審判意見，並會同有關部門出台了環境司法審判的會議紀要；最高人民法院和一些省市縣級法院設立了生態環境保護法庭或者合議庭，強化了生態環境司法保護，深入推進了生態環境司法的專門化。

（四）環境治理體系更具效能

2020 年 3 月，中共中央辦公廳、國務院辦公廳印發《關於構建現代環境治理體系的指導意見》。黨委領導、政府主導、企業主體、社會組織和公眾共同參與的中國特色現代環境治理體系初步建成。國家法律法規明確了政府及其執法監管部門的生態環境保護執法監管責任，細化了企業應當履行的生態環境保護主體義務和違法責任，提出了社會組織和個人參與和監督生態環境保護工作的方式、路徑和程序。《中央生態環境保護督察工作規定》等黨內法規規定了黨政機關和領導幹部的生態環境保護領導責任及問責條件、方式和程序，通過中央環保督察加強了環境監管問責。

三、美麗中國建設邁出重大步伐

黨的十八大以來，我國對大氣、水、土壤污染防治工作作出全面戰略部署，接續實施大氣、水、土三大行動計劃和污染防治攻堅戰，開展了長江、黃河流域大保護等系列行動，生態環境質量持續明顯改善，人民群眾對生態環境質量改善的滿意感明顯增強。

（一）環境質量不斷提升

空氣環境質量明顯改善。城市空氣質量和平均優良天數不斷提升，2021 年全國 339 個地級及以上城市平均優良天數比例為 87.5％，較 2013 年增長了 27 個百分點。主要空氣污染物濃度下降，全國地級及以上城市主要污染物濃度降幅顯著：2021 年二氧化硫、二氧化氮、一氧化碳、可吸入顆粒物（PM_{10}）、細顆粒物（$PM_{2.5}$）、臭氧（O_3）年均濃度分別為 9 微克／立方米、23 微克／立方米、1.1 毫克／立方米、54 微克／立方米、30 微克／立方米、137 微克／立方米，較 2013 年分別下降 77.5％、47.7％、56.0％、54.2％、58.35％、1.4％。

（單位：%）

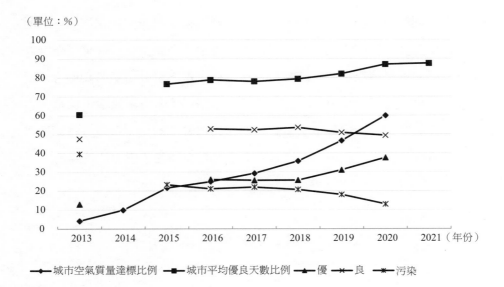

數據來源：數據來自 2012/2013—2020 年《中國生態環境狀況公報》；2022 年 1 月
　　　　　生態環境部通報：2021 年 12 月和 1—12 月全國地表水、環境空氣質量
　　　　　狀況。

2013—2021 年地級以上城市空氣質量達標和城市平均優良天數比例情況

　　地表水環境質量明顯提升。2021 年地表水優良水體比例為 84.9％，
劣 V 類水體比例為 1.2％。重點流域和湖庫水質穩中向好，2020 年重點
流域和湖庫優良比例分別為 87.4％、76.8％，較 2012 年分別提升 18.5、
15.5 個百分點。

　　近岸海域水質保持平穩向好。2020 年海水水質優良比例為 77.4％，
較 2012 年提升 8 個百分點。2020 年夏季符合一類標準的海域面積佔
96.8％。

　　土壤污染防治取得初步進展。全國土壤環境風險得到基本管控，2020
年受污染耕地安全利用率達到 90％左右，污染地塊安全利用率達到 93％
以上，土壤污染加重趨勢得到初步遏制；2020 年底，基本實現固體廢物

（單位：微克／立方米）

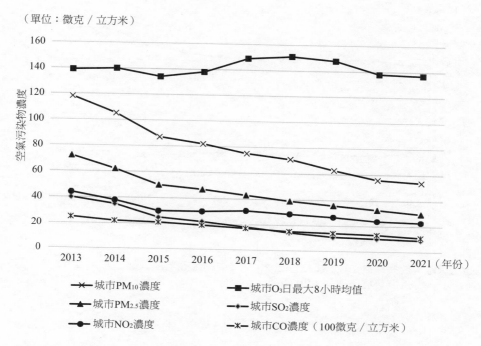

數據來源：數據來自 2012/2013—2020 年《中國生態環境狀況公報》；2022 年 1 月
生態環境部通報：2021 年 12 月和 1—12 月全國地表水、環境空氣質量
狀況。

2013—2021 年全國地級及以上城市主要污染物濃度趨勢

零進口，"洋垃圾" 被徹底擋在國門之外。

（二）農村人居環境顯著改善

農村人居環境整治效果明顯。2019 年 1 月，中央農辦、農業農村部
等 18 個部門啟動實施村莊清潔行動，集中整治村莊 "髒亂差" 問題。到
2020 年 10 月，全國 95％以上的村莊開展了清潔活動，村容村貌明顯改
善。截至 2020 年底，農業農村治理攻堅戰所確定的 8 項主要指標、22 項
重點任務都順利完成。15 萬個行政村完成了農村環境的綜合整治，超額
完成 "十三五" 目標。2021 年生態環境部門完善農村環境整治成效評估

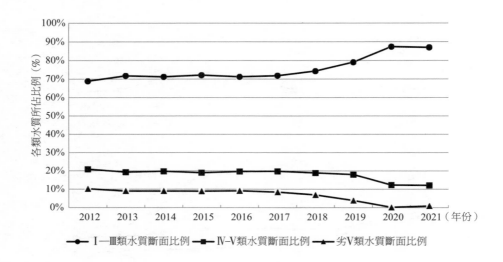

數據來源：數據來自 2012/2013 — 2020 年《中國生態環境狀況公報》；2022 年 1 月
　　　　　生態環境部通報：2021 年 12 月和 1 — 12 月全國地表水、環境空氣質量
　　　　　狀況。

2012 — 2020 年中國主要江河（流域）水質監測情況

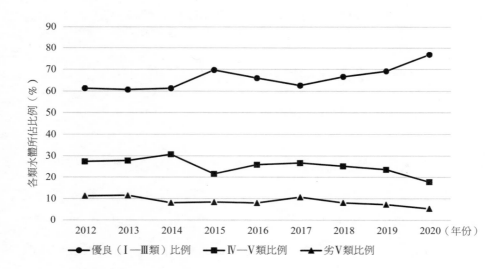

數據來源：數據來自 2012/2013 — 2020 年《中國生態環境狀況公報》；2022 年 1 月
　　　　　生態環境部通報：2021 年 12 月和 1 — 12 月全國地表水、環境空氣質量
　　　　　狀況。

2012 — 2020 年中國湖泊（水庫）水質監測情況

機制，全年累計新增完成 1.6 萬個行政村環境整治。

農村"廁所革命"取得積極進展。2017 年 11 月，習近平總書記主持的十九屆中央全面深化改革領導小組第一次會議上通過了《農村人居環境整治三年行動方案》，"廁所革命"上升至國家層面議題。2018 年至 2020 年累計改造農村戶廁 4000 多萬戶，2020 年全國農村衛生廁所普及率達 68％以上，每年提高約 5 個百分點。2019 年至 2020 年，中央財政安排 144 億元，採取先建後補、以獎代補等方式，支持和引導各地推動有條件的農村普及衛生廁所，中央預算內投資 60 億元支持中西部地區以縣為單位推進農村廁所糞污治理等農村人居環境整治。

農村飲用水安全性穩步提升。"十二五"期間，我國基本解決農村飲水安全問題；"十三五"期間，國家實施農村飲水安全鞏固提升工程，

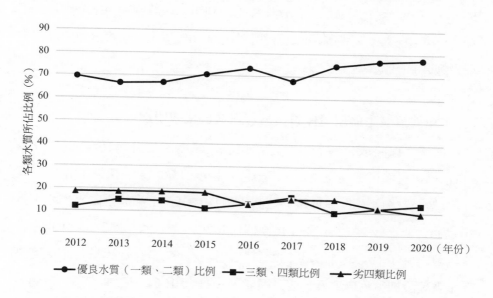

數據來源：數據來自 2012/2013—2020 年《中國生態環境狀況公報》；2022 年 1 月生態環境部通報：2021 年 12 月和 1—12 月全國地表水、環境空氣質量狀況。

2012—2020 年全國近岸海域海水水質情況

83%以上農村人口用上自來水，鞏固提升了 2.7 億農村人口供水保障水平，解決 1710 萬建檔立卡貧困人口飲水安全問題，貧困人口飲水安全問題已全面解決。全國 1 萬多個"千噸萬人"的農村飲用水水源地完成了保護區劃定，18 個省份實現了農村飲用水衛生監測鄉鎮全覆蓋。2021 年，農村自來水普及率達到 84%，創歷史新高。

農村生活垃圾、污水處理能力穩步提高。"十三五"時期，農村生活垃圾收運處置體系已覆蓋全國 90% 以上的行政村，並逐漸完善"戶分類、村收集、鄉轉運、縣處理"農村生活垃圾收運處置體系；農村生活污水治理水平提高，農村生活污水治理率達到 25.5%，基本建立了農村生活污水排放標準和縣域規劃體系，初步確定了農村黑臭水體的清單。另外，2020 年全國秸稈綜合利用率達到 86.7%；化肥農藥減量增效已順利實現預期目標，水稻、小麥、玉米三大糧食作物化肥利用率、農藥利用率分別達到了 40.2% 和 40.6%；新型糞污綜合利用率達到 76% 以上，規模養殖場糞污處理設施裝備配套率達到 97%。

（三）重要流域生態環境保護與高質量發展成效明顯

長江大保護成果顯著。一是水環境質量穩步提升，長江流域 19 省（自治區、直轄市）均完成"十三五"水環境質量約束性指標；2021 年長江流域水質優良（Ⅰ—Ⅲ類）斷面比例為 97.1%，高於全國平均水平近 10 個百分點，較 2012 年提高 10.9 個百分點，長江幹流水質連續兩年全線年均值達到了 Ⅱ 類，無劣 Ⅴ 類水質斷面情況。二是長江經濟帶工業園區污水處理設施整治專項行動成果顯著，2021 年 1064 家工業園區全部建成污水集中處理設施，累計建成 6.62 萬公里污水管網。三是加強自然保護地生態環境監管，2021 年長江經濟帶 11 省市自然保護區發現整改問題點位 2654 個，已完成整改 2374 個。四是加大長江入河排污口監測、溯源、

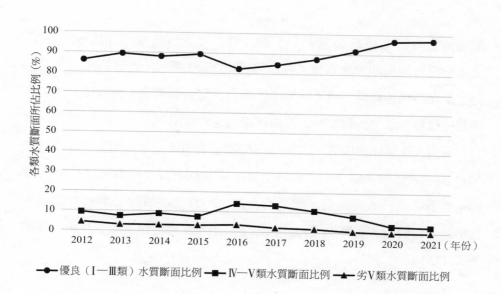

數據來源：2012—2020 年《中國生態環境狀況公報》；2022 年 1 月生態環境部通報：
2021 年 12 月和 1—12 月全國地表水、環境空氣質量狀況。

2012—2021 年長江流域水質監測情況

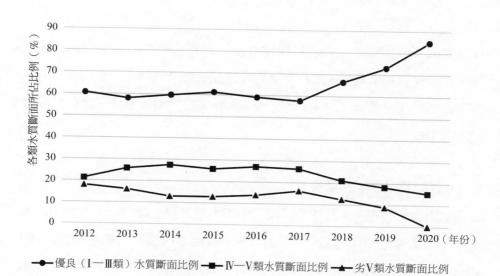

數據來源：2012—2020 年《中國生態環境狀況公報》。

2012—2020 年黃河流域水質監測情況

整治工作力度，2021 年排污口監測工作基本完成，溯源完成率 80％以上，指導各地整治污水直排、亂排排污口 7000 多個。五是長江十年禁漁促進生物多樣性修復，通過統籌推進水生生物資源養護、修復棲息生境等一系列舉措，水生生物資源恢復向好趨勢逐步顯現。

黃河大保護成果顯著。"十三五"時期，黃河流域生態環境逐步改善。2021 年黃河幹流全線達到了Ⅲ類水質，其中 90％以上斷面還達到了Ⅱ類以上水質，黃河水質得到了顯著的改善。2021 年全面完成黃河幹流上游和中游部分河段 5 省區 18 個地市 7827 公里岸線排污口排查，登記入河排污口 4434 個。

四、綠色發展水平顯著提升

黨的十八大以來，我國持續建立健全並實施最嚴格的水資源管理制度、耕地保護和土地集約節約制度以及節能減排考核制度，全面促進資源循環高效利用，推動單位 GDP 能耗、水耗、物耗顯著下降，綠色發展方式加速形成。

（一）資源利用水平顯著提升

能源和水資源利用效率明顯提升。國家統計局數據顯示，黨的十八大以來，我國單位 GDP 能耗降低 24.4％，實現了以能源消費年均 2.8％的增長支撐了國民經濟年均 6.5％的增長。與此同時，自 2012 年最嚴格水資源管理制度正式實施以來，全國 31 個省（自治區、直轄市）用水總量在 5813 億至 6183 億立方米，萬元 GDP 用水量、萬元工業增加值用水量分別累計下降 42%、51.9%，農田灌溉水有效利用係數也由 0.516 提高到 0.565。

　　土地和礦產資源集約節約利用程度持續提高。2012—2020 年，我國單位 GDP 建設用地使用面積實際下降率約為 32%，增量建設用地規模得到有效控制，存量建設用地挖潛力度持續加大，地均 GDP 產出大幅提高。同期，我國非油氣礦山數量從 10.4 萬個減少到 4.6 萬個，大中型礦山比例由 9.1% 迅速突破 34.7%。此外，礦產資源 "三率" 標準建設工作有序推進，原油和煤層氣採收率、有色金屬開採回採率和選礦回收率等關鍵指標明顯提升，建成綠色礦業發展示範區 50 個、綠色礦山千餘家，主要礦產資源產出率較 2015 年提高超 15%。

　　資源循環和綜合利用水平穩步提升。國家發改委和工信部數據顯示，2010 年以來，全國農作物秸稈綜合利用率提高 15 個百分點，達 86% 以上；建築垃圾綜合利用率提高 45 個百分點，達 50%；大宗固廢綜合利用率提高 19 個百分點，達 56%；首批先行先試的 46 個重點城市生活垃圾分類居民小區覆蓋率達 86.6%。再生資源利用也取得長足發展，2012—2020 年，廢紙、廢鋼鐵、廢塑料等十種主要品種再生資源回收利用量增長 1.4 倍，達到 3.8 億噸。與 2015 年相比，2020 年我國主要資源產出率提高了約 26%。資源循環和綜合利用已成為保障我國資源安全的重要途徑。

（二）綠色發展方式加速形成

　　產業結構、能源結構、交通結構持續綠色化。2012—2020 年，高技術製造業、裝備製造業增加值在規模以上工業增加值中佔比分別達到 15.1%、33.7%，均提高了 5.7 個百分點。農業生產方式綠色化轉型步伐加快。中國農業科學院《中國農業綠色發展報告 2020》顯示，2012—

2019 年，全國農業綠色發展指數提高了 5.01％，由 73.46 增加至 77.14，提前實現了化肥農藥的零增長。能源結構持續清潔化低碳化。2012—2021 年，煤炭消費比重由 68.5％下降到 56％，清潔能源消費比重由 14.5％提高到 25.5％，我國已成為世界利用新能源、可再生能源第一大國。新能源汽車快速發展。2021 年新增量和保有量分別達 292 萬輛和 784 萬輛，均佔據全球總量半數以上；截至 2021 年底，新能源車充電基礎設施全國保有量達 261.7 萬處，已建成全球最大規模充電網絡。

綠色產業發展勢頭良好。我國節能環保產業蓬勃發展且初具規模，產值已由 2012 年的約 3 萬億元快速上升到 2020 年的 7.5 萬億元左右。其中，太陽能電池組件全球市場份額佔比達 71％，新能源汽車累計推廣量多年保持全球第一。綠色製造體系初步建立，研製節能與綠色發展行業標準 468 項，建設綠色工廠、綠色供應鏈企業和綠色工業園區分別為 2121 家、189 家、171 家，推廣綠色產品近 2 萬種，對綠色轉型形成重要支撐。

清潔生產水平明顯提高。《清潔生產促進法》修訂實施，《清潔生產審核評估和驗收指南》《清潔生產審核辦法》等一批政策文件印發施行，鋼鐵、水泥等重點行業發佈 51 項清潔生產評價指標體系。燃煤機組全面完成超低排放改造，已建成全球最大清潔煤電供應體系，正在推進 6.2 億噸粗鋼產能超低排放改造。據不完全統計，僅"十三五"期間，全國重點行業通過實施清潔生產項目降低主要污染物排放強度超過 20％，其中前四年工業企業累計削減主要污染物排放 110 餘萬噸，實現節電超 300 億度、節水 45.6 億噸。

綠色發展政策持續建立健全。我國綠色生產和消費的法規政策體系加快建立健全，財稅、金融等支持力度不斷加大。資源能源節約、生態環境保護、循環綜合利用等方面的稅收優惠政策不斷細化落實，國家綠色發展基金註冊掛牌，金融機構綠色信貸和債券餘額分別約為 14 萬億和 1 萬億元（截至 2021 年 9 月底），均位居全球前列。國家環境保護標準體系持續完善，重點地區重點行業開始執行更為嚴格的污染物特別排放限值，建設項目環評准入標準提高，近兩千個"兩高一資"、產能過剩、低水平重複建設等項目未通過國家和省級環保部門審批。綠色技術推廣目錄印發，綠色技術創新步伐加快，綠色產業發展的配套政策持續完善。2021 年 2 月，國務院發佈《關於加快建立健全綠色低碳循環發展經濟體系的指導意見》，旨在通過建立健全綠色低碳循環發展經濟體系，促進經濟社會發展全面綠色轉型。

（三）綠色生活方式逐步建立

綠色生活創建行動廣泛開展。2019 年 11 月，國家發改委印發《綠色生活創建行動總體方案》。統籌開展七個重點領域的創建行動，內容包括綠色家庭、綠色社區、綠色商場、綠色學校、節約型機關、綠色建築、綠色出行。"1 + 7"政策體系基本形成，引領全社會綠色生活和綠色消費逐步從理念走向實踐。在全國範圍部署開展"美麗中國，我是行動者"主題實踐活動，倡導社會各界及公眾身體力行，從選擇簡約適度、綠色低碳生活方式做起，參與美麗中國建設。依託世界環境日、地球日、森林日、水日、生物多樣性日、濕地日等紀念活動，創新生態環境保護主題宣傳方式，多次開展日常生活節水節電、生活垃圾污水不隨意排放等公眾參與度高的綠色生活行動，有效增強公眾生態意識和素養。組織開展"中國生態文明獎"等表彰與評選活動，實施生態文明和環保宣傳"十進"（進家庭、進機關、進社區、進學校、進企業、進商場、進景區、進交通、進酒店、進醫院）活動。此外，生活方式綠色化全民行動逐步納入文明單位、文明家庭、文明村鎮和文明城市創建內容，綠色幼兒園、綠色學校和綠色大學陸續創建，典型示範引領作用開始顯現，極大激發了全社會踐行綠色生活的熱情。

全民綠色生活和消費自覺性顯著增強。通過弘揚生態文明價值理念，鼓勵宣傳並倡導綠色生活方式，全社會踐行綠色簡約生活和低碳休閒模式的理念意識和內在動力不斷增強。2015 年 7 月，生態環境部等部門出台《環境保護公眾參與辦法》；2018 年 6 月，生態環境部等 5 部門聯合發佈《公民生態環境行為規範（試行）》，倡導簡約適度、綠色低碳的生活方式；開通"12369"環保微信舉報平台，公眾參與渠道和範圍不斷拓展，進一步促進了綠色生活和消費的全民行動自覺。2021 年 12 月，生態環境部環境與經濟政策研究中心向社會公開發佈《公民生態環境行為調查報告》。報告顯示，目前社會公眾對綠色生活方式表現出較高的關注度、責任感和認知水平等，公民綠色生活和消費意識普遍提高，人人崇尚生態文明的社會新風尚正加速形成。

五、生態系統質量和穩定性顯著增強

黨的十八大以來，我國持續優化國土空間格局，穩步實施重要生態系統保護和修復重大工程，創新開展山水林田湖草沙一體化保護和修復治理，加速構建市場化、多元化生態補償機制，推動生態系統質量和穩定性穩步提升。

（一）生態系統保護修復工作穩步推進

山水林田湖草沙一體化保護修復示範作用顯現。2016 年以來，我國陸續實施 25 個山水林田湖草沙生態保護修復試點工程，中央財政累計下達獎補資金 500 億元，實際完成投資近 1700 億元，涉及全國 24 個省份，惠及 65 個國家級貧困縣，為提升區域生態系統質量和功能、統籌推進山水林田湖草沙系統治理發揮了示範作用、積累了實踐經驗。

森林資源總量和質量 "雙提升"。通過大力實施重點防護林體系建設工程、天然林資源保護工程、退耕還林工程，廣泛開展全民義務植樹活動，森林覆蓋率、蓄積量持續保持 "雙增長"，分別由 2012 年的 20.36％、137 億立方米提高到 2020 年底的 23.04％、175 億立方米以上，成為全球森林資源增長最多的國家，目前我國森林面積和蓄積量分列世界第五、第六位，人工林面積長期位居世界之首。

草原生態系統質量和穩定性逐步恢復。通過實施草原生態保護補助獎勵等政策，扎實推進草原生態保護和修復、退牧退耕還草等工程，2011 年至 2020 年全國草原覆蓋度綜合植被由 51％提高至 56.1％，重點天然草原牲畜超載率由 28％大幅降低至 10.1％，草原生態系統惡化趨勢得到遏制。2020 年，全國完成種草改良草原 283 萬公頃，鮮草產量突破 11 億噸，優質生態產品供給得以有效增加。

河湖、濕地保護和恢復取得積極成效。大力推行河湖長制，著力實施濕地保護修復、退耕還濕、退田（圩）還湖、生態補水等工程。目前，初步形成由 64 處國際重要濕地、889 處國家濕地公園、602 處濕地自然保護區、1600 餘處濕地公園和濕地保護小區構成的保護體系，河湖、濕地生態狀況初步改善，全國濕地保護率已達 52.65％。

海洋生態保護恢復初見成效。扎實開展沿海防護林建設和紅樹林保護、濱海濕地和岸線整治修復、海島保護、海灣綜合整治等工作，僅 "十三五" 時期整治修復岸線和濱海濕地就分別達 1200 公里、2.3 萬公頃，推動近岸海域生態狀況總體趨穩向好，紅樹林、海草床、珊瑚礁、鹽沼等典型生境退化趨勢基本得到遏制。

　　荒漠化和水土流失治理成效明顯。通過實施國家水土保持和防沙治沙重點工程，試點開展沙化土地封禁保護區建設，我國水土流失狀況自 2012 年以來持續呈現面積強度 "雙下降"、水蝕風蝕 "雙減少" 態勢，荒漠化和沙化土地面積已實現連續三個五年監測期 "雙減少"。

　　生物多樣性保護進程加速。扎實開展瀕危野生動植物搶救性保護工程，持續加強自然保護區建設，穩步推進國家公園體制試點。目前，已建立各級各類自然保護地萬餘處，佔到陸域國土面積的 18％，有效保護了 65％的高等植物群落、90％的植被類型和陸地生態系統、85％的重點保護野生動物種群，珍稀瀕危野生動植物種群如大熊貓、朱鶚、亞洲象、藏羚羊、蘇鐵、西藏巨柏等實現恢復性增長。

（二）綠色發展的空間格局基本形成

　　全國國土空間開發保護 "一張圖" 加快形成。2014 年，全國 28 個市縣開展經濟社會發展規劃、城鄉規劃、土地利用規劃、生態環境保護規劃等 "多規合一" 試點；2019 年，《中共中央國務院關於建立國土空間規劃體系並監督實施的若干意見》印發。國土空間規劃體系架構正式建立。目前，我國 "多規合一" 的規劃編制審批、實施監督、法規政策和技術標準等體系逐步建立，"三區三線"（即城鎮、農業、生態三種空間類型和生態保護紅線、永久基本農田保護紅線、城鎮開發邊界三條控制線）劃定工作接近尾聲，省市縣級國土空間總體規劃編制基本完成，以國土空間規劃為基礎的全國國土空間開發保護 "一張圖" 正加速構建。

　　生態安全屏障骨架初步構建。黨的十八大以來，隨著主體功能區戰略和制度的逐步完善與落實，我國初步搭建起以主體功能區為基礎的國土空間開發保護格局總體戰略架構，並以生態保護紅線、國家重點生態功能區、國家級自然保護地等為重點，通過持續實施重要生態系統保護和修復重大工程，推動生態安全屏障建設取得重要進展。目前，依據生態空間對應劃定全國生態保護紅線工作基本完成，初步劃定的生態保護紅線面積比例不低於陸域國土面積的 25％，覆蓋了重點生態功能區、生態環境敏感區和脆弱區，以及全國生物多樣性分佈的關鍵區域。以"兩屏三帶"（"青藏高原生態屏障""黃土高原—川滇生態屏障"和"東北森林帶"、"北方防沙帶"、"南方丘陵山地帶"）及大江大河重要水系為骨架的生態安全屏障已初步構築，以分級分類國土全域保護為導向的陸海統籌國土生態安全戰略格局加速形成，對維護國家生態安全、支撐生態文明建設發揮了基礎性關鍵作用。

　　國家公園體制試點取得顯著成效。黨的十八屆三中全會提出建立國家公園體制以來，習近平總書記親自謀劃、親自部署、親自推動國家公園建設，主持審定《建立國家公園體制總體方案》《關於建立以國家公園為主體的自然保護地體系的指導意見》，構建起國家公園制度體系的"四樑八柱"。2015 年起，陸續啟動 10 個國家公園體制試點。2018 年 3 月，國家公園管理局揭牌成立，負責統一行使國家公園管理職責，國家公園管理體制初步確立。目前，國家公園體制試點任務基本完成，三江源、大熊貓、東北虎豹、海南熱帶雨林、武夷山等第一批國家公園正式設立，基本構建起了統一的自然保護地分類分級管理體制，國家公園強大的生命力日益凸顯。

（三）生態保護補償機制正在建立

　　生態保護補償制度建設成果豐碩。自 2014 年新修訂的《中華人民共和國環境保護法》明確提出建立健全生態保護補償制度以來，國家陸續出台了《關於建立健全生態產品價值實現機制的意見》《關於深化生態保護補償制度改革的意見》，加之各地各部門陸續出台的相關細化文件，我國生態保護補償制度建設取得豐碩成果。目前，已建成世界範圍內受益人口最多、覆蓋領域最廣、投入力度最大的生態保護補償機制，實現了森林、草原、水流、濕地、耕地、荒漠、海洋等重點領域和禁止開發區域、重點生態功能區等重要區域全覆蓋，跨地區、跨流域補償試點示範廣泛開展，市場化、多元化補償格局加速形成。

　　生態保護補償實踐豐富多元。黨的十八大以來，各地結合實際大力探索市場化、多元化生態保護補償機制，重點領域、區域和流域生態保護補償範圍逐步擴大，投入力度持續增加，補償方式豐富多元。截至2020年，我國生態保護補償財政資金投入達2000億元左右，重點生態功能區生態補償範圍擴展到818個縣、補償資金提高到794.5億元，森林生態效益補償實現國家級生態公益林全覆蓋；橫向生態補償實踐積極探索，15個省份參與開展了10個跨省流域生態補償試點，21省（自治區、直轄市）建立了行政區內全流域生態補償機制，10省（自治區、直轄市）50個縣（市、區）啟動了生態綜合補償試點工作，長江全流域橫向生態保護補償開始實施，黃河全流域橫向生態補償機制試點也已啟動；用能權、用水權、排污權、碳排放權等市場交易體系加速培育，國家級水權交易平台—中國水權交易所開業運營，全國碳市場正式上線交易，多地還探索設立了市場化"生態銀行"；綠色信貸規模和綠色債券發行規模躋身世界前列，新安江綠色發展基金、國家綠色發展基金等相繼設立，社會資本參與生態環境保護的市場化機制不斷增強。包括生態保護補償在內的生態產品價值實現機制的初步建立和不斷完善，正激發全社會提供生態產品的內生動力，推動我國生態環境保護工作步入良性循環新階段。

六、開創建設地球生命共同體新局面

　　黨的十八大以來，我們秉持地球生命共同體和人類命運共同體理念，持續推進國內生態文明建設，為全球生態保護和氣候治理貢獻了中國智慧和中國力量。

（一）嚴格履行國際生態環境公約

　　嚴格履行各類國際環境公約。中國積極參與生態環境領域國際公約，截至 2020 年底，已簽署或加入 50 多項生態環境國際公約，為各項公約履行作出了中國表率。在《蒙特利爾議定書》框架下，中國累計淘汰的消耗臭氧層物質佔發展中國家淘汰總量的 50％以上。簽署《斯德哥爾摩公約》20 年來，全面淘汰 17 種持久性有機污染物，提前完成多氯聯苯電力設備下線和處置的履約目標，實現了二噁英排放和有機氯類 POPs 排放強度的全面快速下降。為履行《濕地公約》，中國是全球首個完成三次全國濕地資源調查、持續改善濕地生態狀況的國家。

　　積極應對全球氣候變化。中國高度重視應對氣候變化這一人類共同挑戰，並付諸實際行動，採取了一系列戰略措施並取得積極成效。2020 年中國碳排放強度比 2005 年下降 48.4％，超額完成了中國向國際社會承諾的到 2020 年下降 40％—45％的目標，基本扭轉了二氧化碳排放快速增長的局面。在此基礎上，2020 年中國又提出"二氧化碳排放力爭於 2030 年前達到峰值，努力爭取 2060 年前實現碳中和"的目標，並宣佈"到 2030 年，單位 GDP 二氧化碳排放將比 2005 年下降 65％以上，非化石能源佔一次能源消費比重將達到 25％左右，森林蓄積量將比 2005 年增加 60 億立方米，風電、太陽能發電總裝機容量將達到 12 億千瓦以上"等目標任務，並陸續發佈碳達峰、碳中和 "1 ＋ N" 政策體系。

　　大力推進生物多樣性保護。圍繞生物多樣性保護，中國形成了涵蓋法律、政策、行動等一整套有效治理體系，為全球生物多樣性保護作出了中國貢獻。在政策法規方面，將生物多樣性保護納入各地區、各領域中長期規劃，頒佈和修訂野生動物保護法、環境保護法等 20 餘部相關法律文件。在措施行動方面，建立各級各類自然保護地，劃定生物多樣性保護優先區域，啟動國家公園體制試點，有力推動了生態環境改善。目前，設立陸地自然保護區、恢復和保障重要生態系統服務、增加生態系統的復原力和碳儲量等 3 項目標超額完成，生物多樣性主流化、可持續管理農林漁業、可持續生產和消費等 13 項目標取得良好進展，絕大多數的陸地生態系統類型和國家重點保護野生動植物物種得到有效保護。

（二）綠色 "一帶一路" 建設取得顯著成效

　　推動綠色 "一帶一路" 理念共識持續深化。中國制定綠色 "一帶一路" 建設頂層設計，並參與構建多方平台，推動綠色發展的理念共識不斷深化。在政策方面，先後印發了《關於推進綠色 "一帶一路" 建設的指導意見》，實施了《"一帶一路" 生態環保合作規劃》等文件，明確綠色 "一帶一路" 建設的總體目標、主要任務以及具體工作要求，推動綠色發展理念融入 "一帶一路" 建設的各個環節。在平台方面，生態環保大數據服務平台、"一帶一路" 綠色供應鏈合作平台等，支持沿線國家在綠色貿易、綠色投資和綠色基礎設施等領域加強信息交流和知識共享，"一帶一路" 綠色發展國際聯盟、"一帶一路" 智庫合作聯盟、"一帶一路" 國際智庫合作委員會等，成為各國綠色發展理念、政策與實踐的分享平台，對沿線國家綠色發展產生積極影響。

　　綠色 "一帶一路" 合作夥伴關係全面加強。在綠色 "一帶一路" 框架下，通過開展聯合研究、人員培訓、學術交流等方式，與沿線國家、相關區域和國際組織等開展合作，構建形成了綠色發展的全球合作網絡。截至 2021 年 8 月，中國已同 172 個國家和國際組織簽訂了 200 多份共建 "一帶一路" 的合作文件。與東盟啟動了中國 — 東盟生態友好城市夥伴關係、中國 — 東盟環境信息共享平台等建設，以上海合作組織為依託開展了中國 — 中亞 — 西亞經濟走廊的多邊綠色合作，與法國、德國等進行生態環境保護和應對氣候變化戰略對接，並與聯合國開發計劃署、環境規劃署以及世界銀行等圍繞基礎設施、金融服務等開展綠色合作。地方、城市、企業和智庫等日益成為綠色 "一帶一路" 的重要參與者和建設者。

綠色 "一帶一路" 務實行動成效顯著。通過綠色基礎設施建設、綠色貿易、綠色技術等一系列看得見、摸得著的實際舉措，"一帶一路" 綠色發展對沿線國家經濟綠色轉型升級的拉動效能日益顯現，沿線國家可持續發展目標指數呈現上升趨勢。在基礎設施和基礎產業方面，以太陽能、風能和水電等可再生能源項目為代表的綠色能源設施建設加速推進，雅萬高鐵、中老鐵路、瓜達爾港等重大項目實施，帶動了當地實現可持續發展。在綠色發展交流共享方面，"一帶一路" 生態環保大數據服務平台和綠色發展典型案例報告，為沿線國家政府、企業、智庫及民眾等提供環境與發展政策、標準、技術等信息，提供開發清潔能源、保護生態環境、應對氣候變化、履行企業社會責任等示範性案例。在人才培養方面，通過實施 "綠色絲路使者計劃"、環境管理對外援助培訓等項目，為發展中國家培訓了大批環境部門官員以及青年、學者、企業代表。在亞洲基礎設施投資銀行、絲路基金和金磚國家新開發銀行等支持下，綠色 "一帶一路" 建設日益成為落實《聯合國 2030 年可持續發展議程》的新途徑。

（三）成為全球生態文明建設的重要參與者貢獻者引領者

　　做全球生態文明建設的參與者、貢獻者和引領者。中國率先發佈實施可持續發展戰略國家方案，積極推動氣候變化《巴黎協定》的簽署、生效和實施，自我加碼宣佈"雙碳目標"提振全球應對氣候變化信心，是世界上第一個大規模開展 $PM_{2.5}$ 治理的發展中大國，形成了世界最大的污水處理能力，成為對全球臭氧層保護貢獻最大的國家。中國大力開發風能、光伏等新能源，為加快全球從化石能源向可再生能源的轉型作出了重要貢獻。從人類命運共同體理念，到綠色"一帶一路"建設，再到全球生態科學治理體系，中國主張受到國際社會的高度讚譽和熱烈響應，中國在全球生態文明建設領域的影響力大大提升，引領者作用和地位日益凸顯。

　　推動構建公平合理、合作共贏的全球環境治理體系。中國堅定捍衛以聯合國為核心的國際體系和以國際法為基礎的國際秩序，堅定踐行多邊主義，努力推動構建公平合理、合作共贏的全球環境治理體系。中國率先發佈《中國落實 2030 年可持續發展議程國別方案》，支持《聯合國氣候變化框架公約》第二十六次締約方會議取得積極成果，積極承辦《生物多樣性公約》第十五次締約方大會，同各方一道推動全球生物多樣性治理邁上新台階。秉持"授人以漁"理念，通過多種形式的南南務實合作，盡己所能幫助發展中國家提高應對氣候變化能力。引領全球綠色投融資，在第七十六屆聯合國大會一般性辯論上宣佈將大力支持發展中國家能源綠色低碳發展，不再新建境外煤電項目。中國始終堅持共謀全球生態文明建設，堅持多邊主義，願同世界各國加強團結、推進合作，攜手共建人類命運共同體，讓全球生態文明建設行穩致遠。

第五章

開放：

更高水平開放新格局加快形成

　　黨的十八大以來，以習近平同志為核心的黨中央堅持擴大開放不動搖，堅持與時俱進調整開放戰略，堅持開放發展新理念，堅持內外聯動新思維，加快構建更高水平的開放型經濟新體制，主動塑造全面開放新格局，推動我國從適應型開放到主動型開放，從商品和要素流動型開放到制度型開放。新時代的對外開放，為推動經濟實現跨越式發展提供了強大動力，也為構建開放型世界經濟、促進各國共贏發展作出重大貢獻。

一、從貿易大國邁向貿易強國

黨的十八大以來，我們堅定不移同世界共享市場機遇，以貿易高質量發展，促進我國外貿規模與市場份額連續取得歷史性跨越，推動我國在全球貿易體系和價值鏈分工格局中的地位顯著提升。

（一）對外貿易總規模躍居世界第一

貨物與服務貿易總額首度超越美國，成為全球第一大貿易國。十年來，我國對外貿易規模持續快速擴大。據聯合國貿發會議按國際收支口徑統計，2020 年我國貨物和服務合計進出口總額達 5.1 萬億美元，總規模首度超越美國，成為真正意義上的全球第一大貿易國，全球佔比創 11.8％的

（單位：百萬美元）

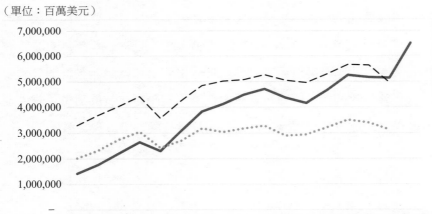

資料來源：聯合國貿易和發展會議（UNCTAD）數據庫，2021 年中國數據來自國家統計局。

2005—2021 年中國、美國、德國的貨物和服務進出口總額

歷史新高。面對世紀大疫情持續衝擊和全球經濟大衰退，我國率先實現復工復產，對外貿易展現出超強韌性，2021 年貨物和服務貿易雙雙強勁復甦，外貿總規模再上新台階，跨越 6.6 萬億美元大關。

貨物貿易規模升至世界第一，全球市場份額連創新高。2013 年我國貨物貿易首次突破 4 萬億美元，超越美國成為貨物貿易全球第一大國。2020 年我國貨物貿易達 4.5 萬億美元，是世界上唯一實現外貿正增長的主要經濟體，全球佔比達 13.2％的歷史新高，比 2011 年提高 3.1 個百分點。2021 年我國貨物貿易一年內連續跨越 5 萬億美元和 6 萬億美元大關，全球佔比再創新高。

服務貿易規模升至全球第二，逆差大幅縮減。隨著服務業對外開放和競爭力提升，我國服務貿易快速發展，正在成為我國融入全球化的新亮點和外貿增長的新引擎。2021 年服務貿易總額達 7700 億美元，比 2011 年增長 73％，由於出口增幅遠超進口，服務貿易逆差降至 1000 億美元以下，為十年來最低。

（二）貿易高質量發展取得重要突破

貿易夥伴日益多元化，越來越多的發展中國家成為重要貿易夥伴。2021 年，東盟佔我國貨物進出口總額的比重達到 14.5％，比 2011 年上升 4.5 個百分點，首次成為我國第一大貨物貿易夥伴；"一帶一路" 沿線國家佔比接近 30％。同期，美國、歐盟、日本仍是我國重要貿易夥伴，但合計佔比下降 5 個百分點至 32.3％。

商品結構持續優化，出口競爭力顯著增強。出口產品從消費品為主向消費品和資本品並重轉變，產品技術含量和附加值水平不斷提高。2021 年機電產品和高新技術產品出口額分別接近 2 萬億美元和 1 萬億美元，比十年前分別增長 83％和 79％。

全球分工地位顯著提升，成為全球價值鏈三大樞紐之一。以外貿為紐帶，我國深度參與國際分工，在較短時間內發展成為與美國和德國並列的全球價值鏈三大樞紐之一。國內增加值率較高的一般貿易出口持續擴大，2021 年達 2.05 萬億美元，佔比 61%，比 2011 年提高近 13 個百分點，出口主要依賴附加值較低的加工貿易的格局明顯改變。世界銀行讚譽中國為通過融入全球價值鏈提高供給側生產率和國際競爭力的典型範例。

新業態新模式蓬勃發展，外貿新增長點不斷湧現。2014 年以來，我國分批設立 132 個跨境電商綜合試驗區，跨境電商從無到有、迅猛擴張，到 2021 年進出口額突破 2 萬億元人民幣；在 31 家市場開展市場採購貿易方式試點，2021 年貿易規模達到 9300 億元。外貿綜合服務企業突破 1500 家，海外倉突破 2000 個。

現代服務出口大幅增長，知識密集型服務競爭力快速提升。2021 年我國知識密集型服務進出口佔比達 43.9%，其中，電子計算機和信息服務出口額突破 3000 億元人民幣，是 2011 年的 3.6 倍，佔服務出口的份額達到 12.6%，比十年前提高 6 個百分點；知識產權使用費收入近 750 億元人民幣，相當於 2011 年的 15.6 倍，出口佔比也從 0.4% 提高到 2.9%。

（三）以主動開放推動貿易實現跨越式發展

持續完善政策制度體系，推動對外貿易創新發展。十年來，我國始終堅持主動融入經濟全球化進程，制定出台、實施《中共中央國務院關於推進貿易高質量發展的指導意見》《關於加快發展外貿新業態新模式的意見》和《“十四五”對外貿易高質量發展規劃》等一系列指導意見和規劃，從降低貿易壁壘、擴大市場准入、提升便利化水平、推動區域經濟一體化等方面制定貿易促進政策。同時，培育一批外貿轉型升級綜合型、專業型基地，鼓勵建設“海外倉”、兩次擴圍推進服務貿易創新發展試點，通過監管模式和管理體制創新，顯著提升了貿易便利化水平，為進一步挖掘貿易增長潛力、推動外貿持續健康發展提供了關鍵支撐。

主動降低關稅水平，形成開放發展新動力。我國切實全面履行加入世貿組織承諾，在此基礎上多次主動降低進口產品關稅。根據世界貿易組織（WTO）與聯合國貿易和發展會議（UNCTAD）發佈最新一版《2021世界關稅報告》，截至 2021 年，我國關稅總水平已降至 7.4％，明顯低於9.8％的入世承諾，貿易加權平均關稅水平更是已降至 3.4％，接近發達國家的水平，形成開放發展新動力，充分體現向全球開放市場的大國氣度與擔當。

積極擴大服務業開放，提升服務貿易戰略地位。根據入世承諾，我國在 12 大類服務部門的 160 個分部門中開放 9 大類 100 個分部門。在完全履行承諾基礎上，我國持續擴大服務業開放。截至目前，已不同程度開放近 120 個分部門，超過了所做承諾。

持續提升貿易便利化水平，助力外貿可持續發展。我國積極建設"三互"大通關協作機制，全面建成國際貿易"單一窗口"並覆蓋全國所有口岸。2021 年海關進口、出口整體通關時間分別比 2017 年壓縮 62％和85％，進出口環節需核驗的監管證件數量比 2018 年精減 52％，促進貿易便利化水平顯著提升。

舉辦新型展會平台，為貿易融通提供新支撐。在持續辦好廣交會的基礎上，2012 年創辦中國國際服務貿易交易會，2018 年舉辦全球第一個以進口為主題的中國國際進口博覽會，2021 年舉辦中國國際消費品博覽會。持續成功舉辦四大國家級展會，促進了我國對外經貿發展，也為維護開放型世界經濟創造新需求、注入新動力。

加快實施高水平自貿區戰略，主動融入區域經濟一體化。黨的十八大提出加快實施自由貿易區戰略，十八屆三中全會提出要形成面向全球的高標準自由貿易區網絡，為我國密切對外經貿關係、參與國際經貿規則制定、促進更高水平開放，奠定了制度基礎。十年來，簽署了 14 個自由貿易協定（FTA），佔簽署貿易協定總數的近 3/4，其中 2022 年生效的區域全面經濟夥伴關係協定（RCEP）是迄今全球覆蓋人口最多、經貿規模最大的自由貿易區協定。

二、成為全球重要投資大國

黨的十八大以來，我們積極搶抓全球化機遇，堅持制度創新和擴大開放，堅持統籌結合"引進來"和"走出去"，推動我國雙向投資實現跨越，成為全球重要的跨境投資大國。

（一）制度創新為"引進來""走出去"注入新動力

持續深化外資管理體制改革，國際化營商環境不斷優化。一是法律基礎進一步夯實。2020 年 1 月 1 日，《中華人民共和國外商投資法》正式實施，以新時代的對外開放新理念，構建起我國首部統一的外資基礎性法律。堅持開放和安全並重，按國際慣例出台《外商投資安全審查辦法》。二是外資管理制度體系進一步健全。實施"准入前國民待遇加負面清單"的管理制度，推進公平競爭審查、外資安全審查、外商投訴管理等綜合管理制度，系統覆蓋市場開放、外資促進、公平競爭、權益保護等現代化投資治理領域。三是市場准入水平大幅提升。2013—2021 年，自貿試驗區外資准入負面清單從 190 條壓縮至 27 條，全國版負面清單縮減至 31 條，不斷推動更大範圍、更寬領域、更深層次對外開放。經合組織（OECD）

認為，我國是十餘年來全球領先的對外開放者（Top Performer）。四是外商投資服務全面優化。出台穩外資、擴大開放、利用外資促進高質量發展等一系列政策文件，發佈我國首份利用外資發展專項規劃《"十四五"利用外資發展規劃》，出台《優化營商環境條例》，加快營造市場化、法治化、國際化營商環境。我國營商環境在世界銀行全球排名中由 2017 年第78 位躍升至 2020 年第 31 位。

不斷增強對外投資管理和服務支撐，"走出去"含金量持續提升。加大 "放管服" 改革，對外投資活動更加便利。出台《企業境外投資管理辦法》，實行以 "備案為主、核准為輔" 的新型管理體制，簡化審批流程和外匯手續，探索資金跨境流動自由化便利化。加強規範指導，對外投資活動更加有序。堅持市場主導與政府引導相結合，出台《關於進一步引導和規範境外投資方向的指導意見》等文件，引導規範企業對外投資行為。加快平台建設，對外投資服務體系更加健全。不斷完善對外投資公共服務平台，引導金融、法律等服務業企業加快海外佈局。企業在東道國設立境外商協會，搭建信息共享、服務聯動的對外投資綜合性服務平台，推動提升企業國際化經營水平。統籌推進 "引進來"、"走出去"，國際投資合作環境持續改善。注重升級雙邊投資協定或自貿協定投資章節，更加全面系統地涵蓋投資促進與權益保護等內容。2020 年達成中歐投資協定和 2021 年正式申請加入 CPTPP，彰顯我國加快對標高標準國際經貿規則的決心。2022 年生效的 RCEP 中，我國在製造業、農業、林業、漁業、採礦業等 5個非服務業領域首次承諾採用投資負面清單制度。

（二）利用外資躍升全球前列

利用外資規模不斷實現新突破。我國堅持擴大開放，對國際投資者吸引力顯著增強。新冠肺炎疫情暴發後，在全球跨境投資 2020 年規模下降

1/3 的形勢下，我國經濟率先恢復、供應鏈韌性與市場規模等優勢凸顯，引資逆勢增長，躍居全球利用外資第一位，全球佔比從 2011 年的 7.7％增至 15％。截至 2020 年底，我國累計設立外資企業超過 104 萬家，累計實際使用外資超過 2.4 萬億美元，2017—2020 年穩居全球引資第二位。2021 年，我國非金融類引資規模以美元計增長 20.2％，達 1734.8 億美元，是 2011 年的 1.5 倍；以人民幣計首次突破萬億元，達 1.15 萬億元。

　　利用外資質量顯著提升。十年來，我國加快培育引資新優勢，超大規模市場、高質量人力資源、創新應用場景、完備供應鏈體系和數字經濟發展等綜合優勢明顯增強，日益成為跨國公司全球供應鏈的重要環節及新興領域投資的重要目的地。先進製造業、服務業、高技術領域外資流入大幅提升，2013 年服務業利用外資佔比 58.7％，2020 年達 75.2％。2020 年和 2021 年高技術產業利用外資增幅分別達 11.4％和 17.1％。跨國公司在華設立地區總部、研發中心已超過 2000 家，以吸收中小企業技術創新為特徵的開放創新中心不斷湧現，研發創新成為跨國公司在華業務新趨勢。

（單位：億美元）

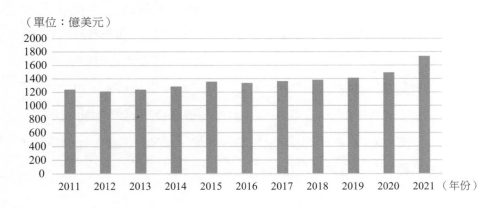

資料來源：我國數據來自國家統計局和商務部。

2011—2021 年我國歷年實際用外資規模

利用外資成為高水平融入全球化的重要途徑。通過吸引外資，將技術、管理、人才等要素資源與我國比較優勢疊加融合，加速融入全球價值鏈網絡，為我國技術創新、產業轉型升級、經濟高質量發展和國際競爭力提升提供重要助力。據商務部統計，外資企業以佔全國企業總數 2% 的企業數量，貢獻了全國 1/10 的城鎮就業、1/6 的稅收、2/5 的進出口；規模以上外資工業企業研發經費持續增長，2020 年達到 1742 億元，是 2011 年的 1.86 倍。

（三）由引資大國轉變為雙向投資大國

對外投資規模躍升至全球首位。2011 年以來，我國對外投資快速增長，2015 年起與利用外資流量基本持平，由資本流入為主的引資大國轉變為雙向投資大國。據商務部統計，2020 年我國對外直接投資流量、存量分別達 1537 億美元和 2.58 萬億美元，是 2011 年的 2.1 倍和 6.1 倍，流

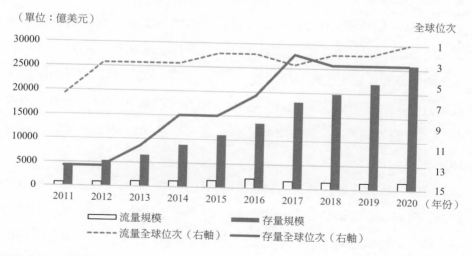

數據來源：商務部。

2011—2020 年我國對外直接投資存量和流量規模及全球位次

量的全球排名由第六位升至第一位，存量排名由第十三位升至第三位；設立企業數量從 1.8 萬家增至 4.5 萬家，覆蓋國家／地區增至 189 個。2021年，我國對外直接投資進一步實現 9.2％的新增長。

　　"高水平"走出去呈加快態勢。從產業分佈看，我國對外投資結構持續優化，由資源能源領域向現代製造業、信息技術、金融等領域拓展。2011—2020 年，製造業投資存量增長 9.3 倍，佔比從 6.3％提升至10.8％；信息技術服務業對外投資存量規模增長 30 倍，佔比從 2.2％提升至 11.5％；科研和技術服務業投資存量增長 12.8 倍，佔比從 1％提升至 2.3％。從價值鏈環節看，從貿易和銷售向生產製造、服務、研發等環節延伸，高端製造、數字經濟、綠色產業等領域對外投資大幅增加。從市場主體看，具有品牌影響力、一定產業鏈帶動能力的跨國企業不斷湧現，成為中國企業跨國經營的新典範。2021 年，聯合國貿發會議發佈的非金融類企業海外資產全球百強中，我國大陸企業有 10 家，數量僅次於美、英、法。從投資模式看，越來越多的企業採取跨國併購、設立海外研發中心等豐富多元的投資方式，加強創新資源優化配置與國際創新合作。2012—2020 年我國企業跨國併購年均規模達 666 億美元，是 2004—2011年年均規模的 4 倍。從區域分佈看，共建"一帶一路"為我國與沿線國家投資與產能合作帶來巨大空間。截至 2020 年，我國在"一帶一路"沿線63 個國家設立超過 1.1 萬家境外投資企業；截至 2021 年底，累計投資超1600 億美元。

　　境外經貿合作區成為我國與東道國合作共贏的重要載體。境外園區是服務對外投資企業的重要載體與平台。據商務部統計，截至 2021 年底，境外經貿合作區分佈在 46 個國家，累計投資 507 億美元，上繳東道國稅費 66 億美元，創造 39.2 萬個當地就業崗位，成為我國企業與東道國共商、共建、共贏的平台。

對外投資成為我國企業全球化經營的重要路徑。十年來，我國企業藉助對外投資和跨國併購，不斷優化資源配置，發揮新技術新業態優勢，共建國際產能合作網絡，充分利用國內國際兩個市場、兩種資源聯動發展。

三、以先行先試引領更高水平開放

黨的十八大以來，我國積極打造高水平開放平台，充分發揮其作為國家改革開放先行探索的"排頭兵"和重大制度創新的"試驗田"作用，推動從商品和要素流動型向制度型開放轉變，促進培育國際合作競爭新優勢、構建開放型經濟新體制和全方位開放新格局，有力推動開放發展實現新飛躍。

（一）全方位佈局高水平開放平台

設立自貿試驗區、海南自貿港，為深化改革開放探索新路徑、積累新經驗。黨中央、國務院依據國際高水平經貿規則新趨勢和高質量發展新要求，2013 年，在上海設立首個自由貿易試驗區，這是在新形勢下全面深化改革和擴大開放的一項戰略舉措，也是我國主動擴大開放的重要平台。8 年多來，我國持續優化自貿試驗區佈局，從點到線、從線到面共設立 21 個自貿試驗區，覆蓋全國東西南北中，形成沿海成片、內陸連線的全方位佈局，試點範圍不斷擴大、領域持續拓展、水準顯著提高。2019 年，設立臨港新片區，提出打造"更具國際市場影響力和競爭力的特殊經濟功能區"。2020 年，在習近平總書記親自謀劃、親自部署和親自推動下，設立海南自由貿易港，瞄準全球最高開放形態、對標國際高水平經貿規則，把海南自由貿易港打造成為引領我國新時代重要開放門戶和開放新高地。

　　依託深圳、浦東、橫琴、平潭等區域，開啟新時代改革開放縱深發展的新篇章。深圳、浦東、橫琴、平潭的開發開放，是推動拓展改革開放向縱深發展的重要舉措。新形勢下，黨中央、國務院賦予這些地區改革開放新使命。為支持港澳經濟社會發展、推動其長期繁榮穩定，為進一步提升粵港澳合作水平、支持深圳建設中國特色社會主義先行示範區建設和橫琴粵澳深度合作區發展注入新動力，2021 年 9 月印發《全面深化前海深港現代服務業合作區改革開放方案》和《橫琴粵澳深度合作區建設總體方案》。2021 年 7 月，發佈《關於支持浦東新區高水平改革開放打造社會主義現代化建設引領區的意見》，賦予浦東新區改革開放新的重大任務，使之成為更高水平改革開放的開路先鋒、全面建設社會主義現代化國家的排頭兵、彰顯"四個自信"的實踐範例。

（二）以開放平台先行先試引領構建開放型經濟新體制

　　自貿試驗區率先試驗，成為全面深化改革開放試驗田、新標杆。以制度創新為核心，自貿試驗區堅持大膽試、大膽闖、大膽改，積極探索制度型開放新途徑，實施外商投資負面清單制度，推動外商投資管理實現歷史性變革，率先探索建立國際貿易"單一窗口"、創立自由貿易賬戶、實施"證照分離"等制度創新。同時探索建立適應高水平開放的監管制度與風險防控體系，努力實現既能放得開，又能管得住。8 年多來，已累計形成 278 項試點經驗向全國複製推廣。商務部數據顯示，2021 年 21 家自貿試驗區以不到全國千分之四的國土面積，實現了佔全國 17.3％的進出口規模，實際利用外資佔全國比重為 18.5％；貿易投資自由化便利化水平全國領先，帶動全國營商環境明顯改善。

　　打造最高水平的開放形態，海南自貿港建設順利開局、成效初顯。

2020 年 6 月《海南自貿港建設總體方案》出台後，2021 年 6 月，正式頒佈《中華人民共和國海南自由貿易港法》，中央部委和海南省出台 150 多份政策文件，形成初具競爭力的自貿港開放政策和制度體系、法律保障體系，自貿港建設順利開局，政策成效開始顯現，已經從高水平設計進入高標準建設階段。

　　深化服務貿易創新發展試點，適應現代服務業開放發展的制度體系逐步形成。2015 年國務院批複在北京市開展服務業擴大開放綜合試點，2021 年將天津、上海、海南、重慶納入試點，形成 "1 + 4" 格局，2021 年試點地區服務業引資佔全國的 33.4％。2016 年以來，我國持續深化服務貿易創新發展試點，大幅提升服務貿易自由化、便利化水平，28 個試點地區服務貿易增速普遍高於全國平均水平，帶動全國服務貿易規模擴大、結構優化，知識密集型服務貿易佔比不斷提高，數字貿易等服務貿易新業態新模式快速發展。2021 年我國服務貿易同比增長 16.1％，知識密集型服務貿易同比增長 14.4％。

　　充分發揮經開區對外開放主陣地作用，為穩外貿穩外資提供有力支撐。2020 年 217 家國家級經開區實現進出口總額 6.7 萬億元，同比增長 4.8％，佔全國進出口總額比重為 20.8％；實際使用外資和外商投資企業再投資 611 億美元，同比增長 17.5％，佔全國利用外資比重為 23.1％，在全國貿易和利用外資的作用不斷提升，為我國穩外貿、穩外資發揮了重要的支撐作用。

（三）依託開放平台輻射帶動形成全方位區域開放新格局

　　推進區域協同聯動開放，更好支撐國家戰略。黨的十八大以來，黨中央、國務院出台一系列政策舉措，鼓勵各地立足比較優勢，與區域戰略有效銜接、協同開放。各地以開放平台建設，積極服務國家開放大局，如廣東自貿試驗區正在積極建設成為海上絲綢之路重要樞紐，四川自貿試驗區正在積極建設成為國際開放通道樞紐區、內陸與沿海沿邊沿江協同開放示範區；通過充分發揮重要節點城市和地區的引領作用，輻射帶動周邊地區，加快形成區域發展新動力；通過開放資源對接、區域開放聯動，構建更有韌性的區域產業鏈供應鏈；通過服務共享、監管互認和信息對接，助力構建高水平開放型經濟新體制，加快培育國際合作競爭新優勢。

加快中西部開放發展，提升我國整體開放水平。多次修訂《中西部地區外商投資優勢產業目錄》，支持中西部地區承接產業轉移。2012 年以來，在中西部地區新設立 44 個國家級經開區和 57 個海關特殊監管區。開放平台建設和一系列政策舉措，帶動中西部融入國際化生產網絡，有力推動中西部地區外向型經濟發展，使之對外貿易佔全國的比重分別由 2012年的 6.6% 和 6.1% 上升至 2020 年的 11.2% 和 9.2%，使西部地區引資的全國佔比由 2011 年的 4.99% 升至 2021 年的 5.6%。2021 年，中西部地區利用外資同比增長 20.5%，高於東部地區近 6 個百分點。

加強開放大通道建設，支持內陸沿邊地區開拓發展新空間。按照"外部聯通、內部貫通"原則，國家大力推進交通與物流設施建設，通過建設

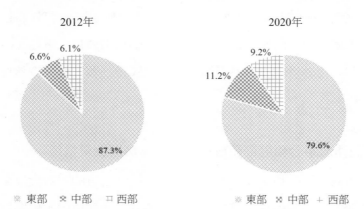

資料來源：海關總署。

東、中、西部地區貨物貿易佔全國比重（%）

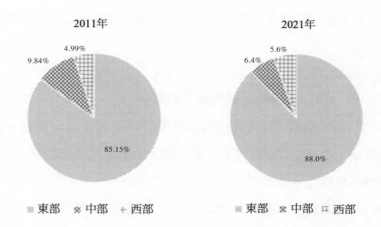

資料來源：商務部。

東、中、西部地區吸引外資佔全國比重（％）

陸海空立體開放通道、促進監管體制對接等，加快打造區域交通樞紐和現代化綜合交通運輸體系，著力暢通開放合作通道。例如，2019 年 8 月，《西部陸海新通道總體規劃》出台，進一步增強鐵路、公路等交通基礎設施建設，提升沿海港口功能，發展多式聯運，提高通道運行效率，提升西部地區與東南亞地區的互聯互通水平。積極支持中西部內陸和沿邊地區常態化開行貨運班列，增開國際客貨運航線，中歐班列成為促進中歐貿易持續發展的陸上大通道。

四、"一帶一路"倡議成為全球重要合作平台

2013 年，習近平總書記提出共建絲綢之路經濟帶和 21 世紀海上絲綢之路倡議。經過持續努力，"一帶一路"已從謀篇佈局的"大寫意"階段

進入精謹細膩的"工筆畫"階段,從全新倡議迅速發展成為全球重要的開放合作平台。

(一)"一帶一路"倡議傳承與創新絲路精神

"一帶一路"是中國主動為全球治理提供的公共產品。2008 年國際金融危機以來,貿易投資保護主義不斷抬頭,逆全球化暗流湧動,多邊貿易體系受到嚴重挑戰,世界經濟遭遇前所未有的衝擊。我國順應全球治理體系變革的時代要求、順應各國謀求開放發展的積極意願,提出基於自主自願原則共建"一帶一路",推動經濟全球化繼續向前發展,為世界經濟合作發展開闢新空間,為國際貿易投資往來搭建新平台,為完善全球經濟治理進行新實踐,為增進各國民生福祉提供新支撐。

"一帶一路"倡議具有系統多元的合作框架與機制。在合作內容上,包括政策溝通、設施聯通、貿易暢通、資金融通、民心相通,既有硬聯通,還有軟聯通。在合作空間上,包括六大經濟走廊,呈網狀鋪開,同時秉持開放的區域主義精神,一切願意參加合作的國家都可以參與。在合作機制上,強調充分利用現有合作機制,並根據實際發展需要攜手建立新機制。在發展願景上,倡導建設和平之路、繁榮之路、開放之路、綠色之路、創新之路、文明之路、廉潔之路,共同打造可持續發展的標杆。

"一帶一路"倡議是實現全球合作共贏的新路徑。"一帶一路"倡議具有廣泛的包容性,不排除也不針對任何一方,強調和而不同、求同存異;強調國不分大小、強弱、貧富,一律平等參與;基於共同利益與責任致力構建人類命運共同體,追求實現"美美與共、天下大同"。共建"一帶一路"不是獨舞、獨奏,而是諸多國家共同參與的"集體舞"、大合唱。共建"一帶一路"遵循的主要原則是共商共建共享,共商以體現國際民主,共建以匯聚合力,共享以保障共同繁榮。

（二）"一帶一路"建設亮點紛呈、碩果纍纍

推進戰略對接，凝聚政策共識。兩屆"一帶一路"高峰論壇共形成562項具體成果。合作機制不斷完善，沿線國家海關和稅務部門分別建立"一帶一路"大通關與稅收徵管合作機制；在雙邊經貿聯委會等框架下，與多個國家專門設立了貿易暢通與投資合作工作組；六大經濟走廊部分形成次區域長期合作規劃；分領域合作機制持續豐富，如建立綠色發展國際聯盟、中歐班列國際鐵路合作機制、絲路國際智庫網絡（SiLKS）等。

推動項目落地，設施聯通改善顯著。各方聚焦"六廊六路多國多港"主骨架，一大批基礎設施重大投資項目和重大工程順利完工，有效提升了沿線國家的基礎設施水平；加強標準、程序、道路、平台等軟硬件對接兼容，加密班列航線，促進沿線國家在港口、交通、電力、通信等領域的合作深化。據不完全統計，中國已在非洲分別修建6000多公里鐵路和公路，建設近20個港口、80多個大型電力設施和130多個醫療設施。目

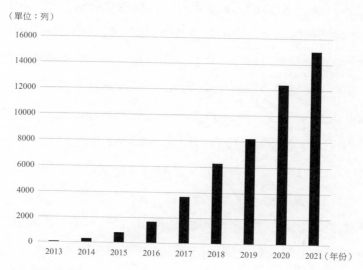

（單位：列）

數據來源：中國鐵路總公司。

2013—2021年中歐班列開行數量

前，中歐班列已鋪畫 73 條運行線路，通達歐洲 23 個國家的 175 個城市，年開行量從 2013 年的 80 列增至 2021 年的 1.5 萬列，到 2022 年 1 月已累計開行超 5 萬列。

深化經貿合作，貿易暢通成效凸顯。貿易便利化水平不斷提升。截至 2021 年底，我國海關已與 31 個沿線國家（地區）簽訂 "經認證的經營者"（AEO）互認安排，拓展國際貿易 "單一窗口" 功能和應用場景，與哈薩克斯坦、越南、蒙古等開通 7 條邊境口岸農副產品快速通關的綠色通道。貿易規模持續擴大。據海關統計，2013 年至 2021 年期間，我國與 "一帶一路" 沿線國家貨物貿易累計達 11 萬億美元，年貿易額從 1.04 萬億美元增加到 1.80 萬億美元，佔同期我國外貿總額的比重由 25％提升到 29.7％。貿易方式創新進程加快。"絲路電商" 合作蓬勃興起，我國已與 22 個國家建立雙邊電子商務合作機制，與 14 個國家建立服務貿易雙邊合作機制。

加強投資合作，資金融通進展順利。中國成功發起籌建亞洲基礎設施投資銀行獲得廣泛響應，設立的絲路基金對 "一帶一路" 建設項目提供了直接支持，中國國家開發銀行、中國進出口銀行加大對沿線國家的貸款力度，有力促進了區域融資環境和條件的改善。據商務部統計，中資企業對 "一帶一路" 沿線國家投資從 2013 年的 115.9 億美元增加到 2021 年的 203 億美元，佔我國非金融對外投資的比重由 12.5％升至 17.9％，累計超過 1600 億美元。2021 年，"一帶一路" 沿線國家企業在華直接投資大幅增長 29.4％，達 112.5 億美元，首次突破百億美元，累計超過 700 億美元。

加強溝通交流，民心相通大為加強。圍繞民心相通，我國邀請沿線國家代表來華交流，增進對中國國情和文化的認知和了解；派出青年志願者，成為促進民心相通和文化交流互鑒的橋樑；圍繞改善民生，在非洲 20 多個國家實施 "萬村通" 項目，為其打開了解世界的新窗口。自倡議提出以來，沿線國家來華留學人員已超過 150 多萬人，非洲國家接受培訓的各類人才、各類人員達 25000 多名。通過實施民生援助、加大人文交流與教育合作，鞏固了共建 "一帶一路" 的社會基礎和民心基礎。

推動減貧脫貧，發展促進作用明顯。中國積極分享減貧脫貧經驗，並在沿線 24 個國家建立 84 個經貿合作區，上繳東道國稅收 20 多億美元，直接為當地創造近 30 萬個就業崗位。據世界銀行估算，"一帶一路" 相關投資可幫助全球 760 萬人擺脫極度貧困，幫助多達 3400 萬人擺脫中度貧困，其中 2940 萬人來自 "一帶一路" 沿線國家和地區。

（三）"一帶一路" 成為重要的全球開放合作平台

"一帶一路" 倡導的核心原則理念寫入國際機制成果文件。2013 年以來，我國政府先後與 149 個國家、32 個國際組織簽署 200 多份共建 "一帶一路" 合作文件，建立了 90 多個雙邊合作機制。"一帶一路" 倡議及其倡導的 "共商共建共享"、構建人類命運共同體等核心原則理念被寫入聯合國、二十國集團、亞太經合組織、上海合作組織等重要國際機構與合作機制的成果文件。共建 "一帶一路"，已經成為推動地區和平與發展的重要途徑，實現聯合國 2030 年可持續發展目標和落實全球發展倡議的重要平台，構建人類命運共同體的重要載體。

"一帶一路" 國際合作高峰論壇發揮引領作用。"一帶一路" 國際合作高峰論壇越來越受到各國政府官員、企業家等各界人士的高度關注。第二屆 "一帶一路" 國際合作高峰論壇出席的國家元首和政府首腦達到 38 位，參會的國家數量達到 150 多個，國際組織超過 90 個，外賓人數多達 5000 多名。各方共商合作大計、共建合作平台、共享合作成果，為解決當前世界和區域經濟面臨的問題尋找方案，為實現聯動式發展注入新動能。

國際組織和各國領導人對共建 "一帶一路" 作出高度評價。聯合國秘書長古特雷斯認為，"一帶一路"倡議是當今世界在南南合作背景下最具現實意義的項目，有助於實現更加公平的全球化。俄羅斯總統普京認為，"一帶一路"倡議富有成效、內容充實。瑞士聯邦主席毛雷爾認為，"一帶一路"倡議是面向未來的倡議，將能為實現全球化作出貢獻，大家都可以從改善和提升基礎設施水平中受益。塔吉克斯坦總統拉赫蒙評價說，"一帶一路"倡議用一座多邊的橋樑將各國連在一起，旨在構建國際合作新模式、帶動沿線國家經濟共同發展。

五、日益走近全球經濟治理舞台中央

黨的十八大以來，面臨世界百年未有之大變局，我國提出一系列全球治理新理念、新倡議，積極參與應對全球性挑戰、推動治理體系變革，制度性話語權顯著提升，成為全球經濟治理變革的推動者、參與者和引領者。

（一）倡導全球經濟治理新理念

把握時代大勢，確立參與全球經濟治理體系改革的基本方針。2008年國際金融危機深刻暴露了世界經濟體系的缺陷與不足，凸顯了全球治理體系改革的必要性和緊迫性，全球經濟治理進入加速變革期。我國把握世界格局變化大勢，勇於承擔大國責任，大力倡導全球治理新理念、積極參與推動全球治理體系改革。黨的十八大報告指出，要加強同世界各國交流合作，推動全球治理機制變革，中國堅持權利和義務相平衡，積極參與全球經濟治理。十九大報告再次強調，中國將繼續發揮負責任大國作用，積極參與全球治理體系改革和建設，不斷貢獻中國智慧和力量。

堅定維護多邊主義，推動開放型世界經濟建設。針對逆全球化風潮、貿易保護主義和單邊主義，黨的十八大提出"推動貿易和投資自由化便利化，反對各種形式的保護主義"。面對全球性挑戰不斷增多，習近平總書記指出，各國要加強溝通和協調，照顧彼此利益關切，共商規則，共建機制，共迎挑戰。2021年在達沃斯論壇致辭中，習近平主席提出了"堅持開放包容，不搞封閉排他；堅持以國際法則為基礎，不搞唯我獨尊；堅持協商合作，不搞衝突對抗；堅持與時俱進，不搞故步自封"等"四個堅持"的倡議，再次倡導構建以平等為基礎、以開放為導向、以合作為動力、以共享為目標的全球經濟治理體系。

倡導"共商共建共享"，彰顯新興大國的全球治理觀。面對世界經濟格局的大發展大調整大變革，習近平總書記強調，"什麼樣的國際秩序和全球治理體系對世界好、對世界各國人民好，要由各國人民商量，不能由一家說了算，不能由少數人說了算"。十年來，我們堅持倡導國際關係民主化，倡導全球治理體系必須反映世界經濟格局深刻變化，推動建立公正合理的國際秩序；主張國家無論大小、強弱、發達欠發達，都是國際社會平等一員，都有平等參與地區和國際事務的權利；強調國際上的事由大家共同商量著辦，世界前途命運由各國共同掌握。

強調包容可持續，將發展議題置於全球宏觀政策的突出位置。近年來，全球發展進程遭遇嚴重衝擊，世界貧困人口大量增加，促進全球發展是各國人民的普遍願望。習近平總書記指出，"新興市場國家和發展中國家希望全球經濟治理體系更完善、更符合世界生產力發展要求、更有利於世界各國共同發展"。我國堅持全球經濟要包容發展，強調共同應對全球發展不平衡、不可持續問題，支持增加發展中國家在國際事務中的代表性和發言權。2021年9月，在第七十六屆聯合國大會一般性辯論上，習近平主席提出"全球發展倡議"，呼籲國際社會關注發展中國家面臨的緊迫問題，推動全球共同發展。

倡導合作共贏，推動構建人類命運共同體。人類只有一個地球，人類也只有一個共同的未來。2013 年，習近平總書記明確指出，"這個世界，各國相互聯繫、相互依存的程度空前加深" "越來越成為你中有我、我中有你的命運共同體"。2017 年，習近平主席發表題為《共同構建人類命運共同體》歷史性演講，深刻、全面、系統闡述推動構建人類命運共同體理念；2021 年在達沃斯論壇上，他進一步強調，人類面臨的所有全球性問題，任何一國想單打獨鬥都無法解決，必須開展全球行動、全球應對、全球合作。這些高瞻遠矚的論述，深刻揭示了中國和世界的關係，體現了中國關於全球未來發展的戰略遠見，為人類開放合作與共贏發展指明了方向。

（二）深入參與全球經濟治理

推動二十國集團等治理平台發揮新作用，國際宏觀政策協調力度加強。我國與其他成員國共同努力，推動二十國集團成為國際宏觀經濟政策協調和應對全球經濟金融風險的主要平台，協商討論的議題不斷拓展深化，在促進全球經濟復甦、貿易投資自由化、維護開放型世界經濟、加強財政貨幣政策和金融監管協調等領域發揮積極作用。2016 年，我國成功主辦 G20 領導人杭州峰會，這次峰會第一次把發展問題置於全球宏觀政策框架的突出位置，第一次制定落實聯合國 2030 年可持續發展議程的行動計劃，第一次採取集體行動支持非洲和最不發達國家工業化。在我國倡議下，制定了全球首個多邊投資框架《二十國集團全球投資指導原則》，成為全球投資治理的重要文件。

推動建設新興市場國家合作新機制，"朋友圈"聚合更緊密。金磚五國佔世界人口的 40％、全球經濟總量的 1/4，是全球增長的重要引擎。我國推動完善合作機制、拓展合作領域，金磚合作日益成為全球經濟治理的新興力量。2017 年我國成功主辦金磚廈門峰會，提出“金磚＋”合作模式，倡導構建金磚國家“朋友圈”，吸引其他國家加入，建立更加全球化的峰會形式。2021 年 9 月，金磚國家新開發銀行完成第一次擴容。推動上合組織強化合作。2018 年青島峰會進一步闡述“上海精神”，推動政治、安全、經濟和人文等全方位合作，形成“四個層面對話”“兩個務實載體”等運行機制，目前成員國擴大到 8 個，成為世界上幅員最廣、人口最多、市場最大的綜合性區域合作組織。此外，積極推進中非、中阿、中拉等合作機制建設，促進大湄公河、中亞、圖們江、泛北部灣等次區域經貿合作。

　　參與世貿組織新一輪改革，堅定維護多邊貿易體制權威性。習近平主席在達沃斯論壇上提出，多邊機構是踐行多邊主義的平台，也是維護多邊主義的基本框架，其權威性和有效性理應得到維護。面對多邊貿易談判長期停滯，我國積極發揮“促談、促和、促成”的關鍵作用，分別促成 WTO《貿易便利化協定》談判和《信息技術協定》擴圍談判完成與生效實施。支持必要的 WTO 改革，反對“有選擇的多邊主義”；強調優先處理危及 WTO 生存的關鍵問題，與歐盟等 21 個成員國共同發起建立“多方臨時上訴仲裁安排”（MPIA），對維持爭端解決機制運轉發揮重要作用；堅持尊重成員發展模式、保障發展權利。

　　推進區域經濟一體化新發展，高標準自貿區網絡取得新突破。區域自貿協定日益成為國際經貿規則重構的重要路徑、引領各國擴大開放的新動力。黨的十八大提出加快實施自由貿易區戰略，十九屆四中全會提出構建面向全球的高標準自由貿易區網絡。十年來，我國與澳大利亞、韓國等簽署雙邊自貿協定，完成與東盟、智利、新加坡等自貿協定升級談判，目前已與 26 個國家 / 地區簽署自貿協定 19 個，貿易覆蓋率達到 35％。難能可貴的是，在疫情大流行和逆全球化蔓延的 2020 年和 2021 年，我國自貿區網絡建設取得三項重要突破：簽署《區域全面經濟夥伴關係協定》（RCEP）並於 2022 年生效，正式申請加入《全面與進步跨太平洋夥伴關係協定》（CPTPP）和《數字經濟夥伴關係協定》（DEPA），對我國推進區域經濟一體化、維護外部環境穩定、支持多邊主義和自由貿易具有重大意義。

推動國際經濟治理體系改革，發展中國家發言權和影響力不斷上升。面對國際經濟格局深刻變化，我國積極推動增加發展中國家在國際組織的代表性和發言權，力爭"權利、機會、規則"平等，促進發展中國家在世行的投票權提高到 47.1％，我國升至 4.42％；我國在國際貨幣基金組織的投票權升至 6.394％，排名躍居第三。倡導設立亞洲基礎設施投資銀行、金磚國家新開發銀行，提供新的融資渠道和方式，為豐富和完善全球金融治理體系發揮積極作用。2016 年，人民幣被正式納入國際貨幣基金組織特別提款權（SDR）貨幣籃子，成為構成貨幣中唯一的新興經濟體貨幣。

推動攜手應對氣候變化，為全球氣候治理和綠色發展注入強大動力。黨的十八大以來，我國高度重視應對氣候變化、開展綠色發展國際合作，以中國理念和實踐引領全球氣候治理，推動達成和加快落實《巴黎協定》；積極協調"基礎四國""七十七國集團和中國"談判立場，為維護發展中國家在應對氣候變化中的共同利益發揮了重要作用；成功舉辦《生物多樣性公約》第十五次締約方大會，積極參加 G20、金磚國家會議等框架下氣候議題磋商談判，發揮多渠道協同效應，推動多邊進程持續向前。

順應技術變革新趨勢，成為全球數字經濟發展的重要引領者和規則制定的關鍵參與者。面對信息通信技術加速變革、全球數字化轉型快速推進，完善數字治理機制和數字貿易規則，對推動全球數字經濟健康發展和世界經濟復甦至關重要。中國積極參與 WTO 電子商務工作組對話和全球電子商務諸邊談判、提出《全球數據安全倡議》、申請加入 DEPA 等高標準制度安排，體現了中國在全球數字治理中由融入對接到參與引領的角色轉換。在議題設置上，中國更加關注發展中國家跨越 "數字鴻溝"、挖掘世界經濟增長新動能，展現了數字時代的大國擔當。

　　積極承擔大國責任，對外發展合作開闢新局面。黨的十八大以來，我國援外工作進入新時代。習近平總書記胸懷天下、總攬全局，提出構建人類命運共同體思想、全球發展倡議等重大國際發展理念，在聯合國大會、"一帶一路" 高峰論壇、中非合作論壇等重大國際場合，宣佈了一系列對外援助舉措，包括設立南南合作援助基金、成立南南合作與發展學院以及中國國際知識發展中心、免除最不發達國家債務等。我國積極推進落實聯合國 2030 年可持續發展議程，組建國家國際發展合作署，與國際機構、被援助方和第三方務實推動援助合作，加大對國際組織捐資力度，為國際發展合作注入新動力、貢獻中國智慧。

六、中國發展惠及全球

　　"中國的發展離不開世界，世界的繁榮也離不開中國"。十年來，中國堅定不移奉行互利共贏的開放戰略，從世界汲取發展動力，也積極承擔大國責任，讓中國發展更好惠及世界，中國對世界經濟的貢獻顯著提升。

（一）全球經濟增長的重要引擎

　　為全球經濟復甦提供強大推動力。隨著自身經濟快速發展，特別是全球金融危機後，中國對世界經濟增長的貢獻也顯著上升。按現價美元計

（單位：%）

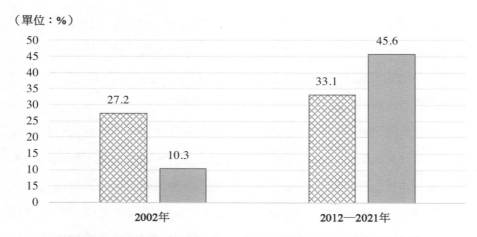

註：2021 年全球 GDP 採用 IMF 世界經濟展望估計值，並基於中國 GDP 數據調整，
　　2021 年人民幣的美元平均匯率採用 6.45 元 / 美元。

近年中美兩國對世界經濟增長貢獻的比較

算，在入世後的第一年，也就是 2002 年，中國對全球 GDP 增長的貢獻率
為 10.3%，遠低於美國的 27.2%。而在 2012—2021 年的十年間，中國對
全球 GDP 增長的貢獻率平均達到 45.6%，超出美國 12.5 個百分點，成為
全球經濟增長最重要的引擎。

為全球提供海量高性價比產品和服務。按國際收支口徑，2012 年至
2021 年我國累計向全球出口近 26 萬億美元的貨物和服務，是 2002 年至
2011 年的 2.2 倍，為進口國人民福利水平的提高作出了重要貢獻，為抑制
全球通脹、穩定全球供應鏈提供了重要支撐。

為世界各國提供新的重要市場。隨著我國經濟發展和生活水平快速提
高，進口需求持續增長，2012 年至 2021 年累計進口約 23 萬億美元的貨
物和服務，是上一個十年的 2.4 倍。自 2018 年舉辦中國國際進口博覽會
以來，四屆進博會累計意向成交額突破 2700 億美元，為世界經濟增長創
造了新需求、注入了新動力。

為各國分享經濟全球化利益提供新機遇。我國成為全球價值鏈新樞紐，十年間累計進口約 14 萬億美元的中間品，有力拉動了這些國家的產業發展、就業增長和收入提升。

（二）在合作中實現共贏發展

成為全球跨境投資的"穩定器"。疫情衝擊下，面對全球經濟低迷、跨境投資下降的嚴峻形勢，我國利用外資穩步提升。據聯合國貿發組織數據，2020 年，全球跨境投資大幅下降 36％，比遭受國際金融危機影響的 2009 年還低約 30％，而我國實際使用外資以美元計逆勢增長 4.5％。

成為跨國公司全球發展的重要帶動力。2021 年，外商及港澳台商投資企業實現利潤總額 2.3 萬億元，是 2011 年的 1.47 倍，營收利潤率達 7.9％。全球疫情衝擊下，在華美商會商業信心調查顯示，26％的受訪企業表示 2020 年在華稅前利潤率高於全球平均水平，75％的受訪企業對未來兩年中國業務實現增長持樂觀態度，中國市場在跨國公司全球佈局中的重要性進一步提升。

為東道國經濟社會發展作出積極貢獻。中資企業對外投資，為投資所在國和地區的就業、稅收增長、技術創新、產業升級、數字與綠色轉型等作出重要貢獻。尤其是在全球跨境投資受疫情影響大幅下挫時，我國對外投資保持穩步增長，為支持東道國經濟復甦、穩定產業鏈供應鏈和就業穩定等發揮了積極作用。據商務部統計，2020 年，我境外企業向所在國家（地區）繳納稅金總額 445 億美元，年末境外從業員工達 361.3 萬人，其中僱傭外方員工 218.8 萬人，佔比達 60.6％。

（三）在共同抗疫中踐行人類命運共同體理念

面對世紀疫情的嚴重危機和嚴峻考驗，中國堅持把人民生命安全和身體健康放在第一位，始終站在國際抗疫合作 "第一方陣"。我國呼籲各國積極開展藥物研發合作，加快建設人類衛生健康共同體；實施新中國成立以來時間最集中、範圍最廣泛的緊急人道主義抗疫援助，先後向 150 個國家和 13 個國際組織提供了 40 億件防護服、60 億支檢測試劑、3500 億隻口罩等大批防疫物資，向 34 個國家派出 37 支醫療專家組，向 120 多個國家和國際組織提供超過 20 億劑疫苗，援助疫苗數量佔世界首位。

　　過去十年，在黨中央的堅強領導下，中國以前所未有的開放姿態融入經濟全球化，實現了開放發展的巨大飛躍，也為全球經濟發展注入強大動能。展望未來，中國將堅定不移地擴大對外開放，堅定不移地分享中國發展機遇和經驗，堅定不移地推進經濟全球化和全球治理體系朝著更加開放、包容、普惠、平衡、共贏的方向演進，為促進世界經濟繁榮與可持續發展作出新的更大貢獻。

第六章

共享：
人民生活日益富足

　　黨的十八大以來，黨堅持以人民為中心的發展思想，堅持發展為了人民、發展依靠人民、發展成果由人民共享，堅持共同富裕方向。2015 年10 月，習近平總書記在黨的十八屆五中全會上將共享作為新發展理念之一提出，並強調 "使全體人民在共建共享發展中有更多獲得感"。在共享發展理念的引領下，我國全面打贏脫貧攻堅戰、全面建成小康社會，在幼有所育、學有所教、勞有所得、病有所醫、老有所養、住有所居、弱有所扶上不斷取得新進展，人民生活日益富足，獲得感、幸福感、安全感不斷提升，在實現共同富裕的道路上邁出了扎實可喜的一步。

一、人民生活質量顯著提高

　　黨的十八大以來，黨中央出台實施了一系列惠民政策，居民收入和財富大幅增長，消費水平穩步提升，生活質量顯著提高。2020年，我國全面建成了小康社會，歷史性地解決了絕對貧困問題，人民生活走向更加殷實。

（一）居民收入和財富水平大幅提高

　　黨的十八大以來，我國經濟繼續快速增長，在經濟快速發展的同時，居民收入增長與經濟增長基本同步，人民生活水平和財富水平持續提高。

　　居民可支配收入快速增長。居民收入邁上新台階。2010年，全國城鄉居民人均可支配收入為1.25萬元。此後，又分別於2014年和2019年

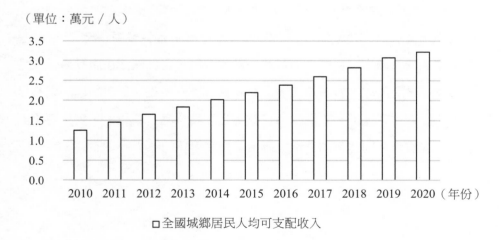

（單位：萬元／人）

□ 全國城鄉居民人均可支配收入

數據來源：根據歷年《中國統計年鑒》相關數據整理。

2010—2020年全國城鄉居民人均可支配收入

跨越 2 萬元與 3 萬元大關，居民收入水平不斷邁上新台階。2020 年，全
國居民人均可支配收入又提高到 3.22 萬元，比 2010 年增長了 1.58 倍，年
均增速為 9.9％。黨的十八大提出的到 2020 年居民人均收入比 2010 年翻
一番的目標如期實現。中等收入群體不斷擴大。近年來，居民收入與經濟
增長保持基本同步，大量低收入者跨過中等收入門檻，中等收入群體規模
持續擴大，由 2010 年 1 億多人增長到 2020 年的 4 億多人。中等收入群體
的壯大，對於推動經濟高質量發展、優化收入分配格局、促進共同富裕具
有重要意義。

　　居民財富水平持續提高。居民金融資產大幅增長。在居民金融資產
中，存款比重最高。2020 年，全國住戶存款餘額為 93.30 萬億元，相
比 2010 年的 30.33 萬億元增加了 2.08 倍，年均增幅 11.89％；人均儲
蓄存款為 6.67 萬元，相比 2010 年的 2.26 萬元增加了 1.95 倍，年均增
幅 11.43％。此外，還有相當多居民擁有股票、基金、債券等金融資產。

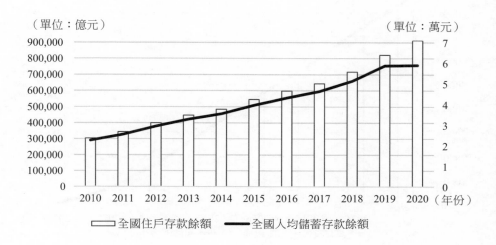

數據來源：根據歷年《中國統計年鑒》相關數據整理。

2010—2020 年全國住戶存款餘額和全國人均儲蓄存款餘額

2010 年至 2020 年，城鎮居民人均財產性收入年均增速為 24.43％，比城鎮居民人均可支配收入增速高 15.58 個百分點。居民實物資產迅速增長。2020 年，90％以上的城鎮居民家庭擁有自有住房，城鎮居民人均住房建築面積從 2010 年的 31.6 平方米，提高到 2019 年的 39.8 平方米，增幅達 25.95％。2010 年，我國每百戶家庭汽車擁有量僅為 15 輛，到 2020 年，每百戶家庭汽車擁有量已經達到 37 輛，增長 1.47 倍。

　　絕對貧困問題得到歷史性解決。黨的十八大以來，黨中央把貧困人口全部脫貧作為全面建成小康社會、實現第一個百年奮鬥目標的底線任務和標誌性指標，組織實施了人類歷史上規模空前、力度最大、惠及人口最多的脫貧攻堅戰。經過 8 年的持續奮鬥，2020 年新時代脫貧攻堅目標任務如期完成，2010 年標準下 2012 年的 9899 萬貧困人口全部脫貧，832 個

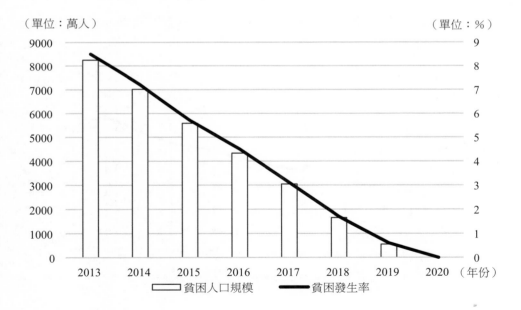

數據來源：根據歷年《中國統計年鑑》相關數據整理。

2013—2020 年農村貧困狀況

貧困縣全部摘帽，12.8 萬個貧困村全部退出，絕對貧困和區域性整體貧困問題得到解決。貧困人口收入水平顯著提高，"兩不愁三保障"全部實現，脫貧群眾不愁吃、不愁穿，義務教育、基本醫療、住房安全有保障，飲水安全也都有了保障。據《人類減貧的中國實踐》白皮書指出，國家貧困縣農村居民人均可支配收入從 2013 年的 6079 元增長到 2020 年的 12588 元，年均增長 11.6%，高於全國農村居民 2.3 個百分點。

（二）居民消費水平和質量穩步上升

黨的十八大以來，我國消費需求持續增長，居民消費從注重量的滿足轉向追求質的提升、從物質產品消費轉向服務消費，居民消費水平持續提高，消費結構持續升級，消費方式加速變革。

消費水平持續提高。居民消費水平穩步提高。2010 年，全國居民人均消費支出為 10522 元，首次超過 1 萬元。黨的十八大以來，隨著居民收入水平的進一步提升，供給側結構性改革的穩步推進，以及各種促進消費措施的有效實施，居民消費信心不斷增強，消費潛力持續釋放，消費水平大幅提升。2020 年，全國居民人均消費支出為 21210 元，是 2010 年的 2 倍，年均增速達 7.3%。城鄉居民消費差距不斷縮小。2013 年以來，精準扶貧戰略穩步實施，農村產業規模和效益明顯提升，農村居民收入快速增長，消費支出增速開始高於城鎮居民消費支出增速，城鄉居民消費支出差距呈現縮小趨勢，從 2010 年的 3.1 倍降低至 2020 年的 2 倍。

消費結構持續升級。恩格爾係數呈下降趨勢。隨著收入水平的不斷提高，居民消費結構發生了重大變化，食品支出在家庭消費總支出中的比重不斷下降。居民家庭恩格爾係數從 2010 年的 33.4% 下降到 2020 年的 30.2%，降低了 3.2 個百分點。新型耐用消費品迅速增長。隨著居民收入水平的提高和消費觀念的轉變，通信器材、汽車等反映消費升級的商品銷

數據來源：根據歷年《中國統計年鑒》相關數據整理。

2010—2020 年城鄉居民家庭恩格爾係數

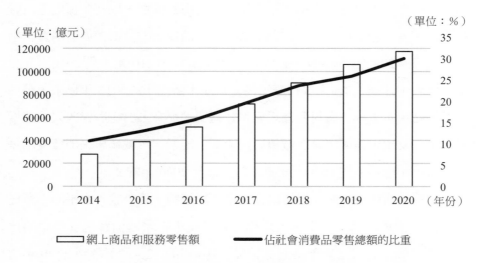

2014—2020 年全國網上零售及佔社會消費品零售總額的比重

量快速提升。如智能手機出貨量從 2011 年的 1 億部增長到 2020 年的 3 億部，市場佔有率從 2011 年的 23％增長到 2020 年的 96％。家用汽車保有量從 2010 年的 4989.5 萬輛增長到 2020 年的 22333.8 萬輛，增長了 3.48 倍，年均增幅 16.2％。

消費方式加速變革。線上消費快速發展。2020 年，全國網上零售額 117601 億元，比 2014 年增長 3.2 倍，佔社會消費品零售總額的比重從 2014 年的 10.6％提高到 2020 年的 30.0％。網購商品種類不斷豐富升級，網購服務範圍逐步從城市向農村普及，從國內向海外拓展。電子支付成為居民日常消費的主要支付方式。2010 年以來，隨著 4G 通信技術的普及，移動支付快速發展。目前，基於智能手機和移動支付的非現金交易已經成為居民日常消費的主要支付方式。據中國人民銀行發佈的《2020 年支付體系運行總體情況》數據顯示，2020 年我國銀行共處理電子支付業務金額 2711.8 萬億元，比 2013 年增長 1.5 倍。支付方式的變革，讓消費變得更加便捷，催化了新的業態，形成新的經濟增長點。

（三）生活質量全面提升

黨的十八大以來，黨中央多次強調要不斷滿足人民對美好生活的新期待。十年來，人民物質生活品質不斷提高，精神生活日益豐富，公共服務享受程度不斷提升，人民群眾的獲得感幸福感安全感不斷增強。

營養結構持續改善。營養水平全面改善。十年來，居民肉、蛋、奶及水果等消費量逐年增加，營養更加科學均衡。2010 年到 2020 年，城鎮居民人均肉類消費量從 24.5 公斤增加到 27.4 公斤；人均禽類消費量從 10.2 公斤增加到 13.0 公斤；人均蛋類消費量從 10.0 公斤增加到 13.5 公斤；人均瓜果消費量從 54.2 公斤增加到 65.9 公斤。農村居民人均肉類消費量從 15.8 公斤增加到 21.4 公斤；人均禽類消費量從 4.2 公斤增加到 12.4 公

（單位：%）

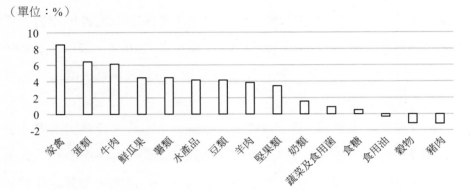

數據來源：根據歷年《中國統計年鑒》相關數據整理。

2013—2020 年全國居民主要食品消費年均增幅

斤；人均蛋類消費量從 5.1 公斤增加到 11.8 公斤；人均瓜果消費量從 19.6 公斤增加到 43.8 公斤。健康意識不斷強化。黨的十八大以來，居民飲食從吃得好向吃得精、吃得健康轉變，國家也先後出台《中國食物與營養發展綱要（2014—2020 年）》《國民營養計劃（2017—2030 年）》等指導性文件，減油、減鹽、減糖，多吃豆類、奶類、蔬菜、水果等健康飲食行為已經為越來越多的人所接受。2013 年至 2020 年，居民主要食品消費中，更有營養和對健康更有幫助的食材消費佔比上升，家禽、蛋類和牛肉年均漲幅均超過 5%，食用油、穀物和豬肉消費量出現負增長。

　　文體休閒豐富多彩。旅遊休閒人次快速提高。2019 年[①] 國內旅遊收入達到 5.7 萬億元，是 2010 年的 4.6 倍；國內旅遊達到 60.1 億人次，是 2010 年的 2.9 倍；國慶黃金週出遊達到 7.8 億人次，是 2010 年的 3.1 倍。在國內旅遊消費快速發展的同時，出境遊也大幅增加。2019 年居民出境旅遊達到 1.5 億人次，是 2010 年的 2.8 倍。文娛類消費快速增長。

---

① 受新冠肺炎疫情影響，2020 年數據不具有可比性，本段選取 2019 年數據進行分析。下同。

2019 年，全國藝術表演團體共演出 296.8 萬場，是 2010 年的 2.2 倍；國內觀眾 12.3 億人次，是 2010 年的 1.4 倍。公共圖書館書刊總藏量 11.1 億冊（件），是 2010 年的 1.8 倍；總流通 9.0 億人次，是 2010 年的 2.7 倍。博物館文物參觀人次為 11.2 億人次，是 2010 年的 2.8 倍。2012 年以來我國電影市場規模穩居世界第二。2019 年全國電影總票房 642.7 億元，是 2010 年的 4.1 倍，年均增速 16.9%；國產電影總票房 411.8 億元，市場佔比達到 64.1%，市場份額連續 7 年保持在 50% 以上。居民觀影人次從 2010 年不足 3 億人次，增長到 2019 年的 17.3 億人次。網絡視聽付費用戶群體不斷擴大，從 2012 年的幾十萬戶增長到 2019 年的 5.5 億餘戶。體育健身快速發展。越來越多的人積極參與各類體育健身活動，特別是 2014 年全民健身上升為國家戰略和 2015 年申辦冬奧會提出的“帶動三億人參與冰雪運動”後，體育事業發展尤為迅速。2015—2020 年，體育服務業增加值年均增長 22.2%，體育服務業增加值佔體育產業比重持續提升，從 2015 年的 49.2% 上升到 2020 年的 68.7%。群眾體育運動蓬勃發展。2020 年，經常參加體育鍛煉的人數超過 4 億，佔比達到 37.2%，城鄉居民達到《國民體質測定標準》合格以上的人數比例達 90% 以上，“農民體育健身工程”覆蓋全國 90% 以上的行政村。公共體育設施開放服務水平明顯提升，體育場地超過 370 萬個，人均體育場地面積達到 2.20 平方米。

公共服務日益擴大。基本公共服務水平不斷提高。黨的十八大以來，國家不斷完善基本公共服務，提高供給能力和供給質量。教育機會更加均等，教育質量明顯提升；健康中國戰略全面推進，基本醫療衛生服務和基本醫療保障水平不斷改善；公共文化和體育事業扎實建設。同時，鼓勵社會力量參與提供公共服務，促進多元供給，人民群眾在教育、健康、文化體育等領域的多樣化個性化需求得到了更好滿足。教育和健康事業的蓬勃發展，更好保障了人民群眾的受教育權和健康權，促進了人的全面發展，對於人力資本提升、發展機會拓展、生活質量進一步改善發揮了非常重要的基礎性作用。社會保障體系持續健全。黨的十八大以來，包括社會救助、社會保險、社會福利在內的多層次、廣覆蓋的社會保障體系不斷健全，社會安全網更加牢固。這一方面切實緩解了廣大人民群眾的後顧之憂，全面提高了人民群眾的安全感，另一方面也更好促進了發展成果的共享，為推動共同富裕取得實質性進展提供了有效的制度保障。此外，通過鼓勵發展企業年金、商業養老保險、商業健康保險等措施，也更好滿足了人民群眾個性化多樣化的保障需求。

二、公平而有質量的教育邁上新台階

黨的十八大以來，以習近平同志為核心的黨中央站在黨和人民事業全局高度，堅持把教育擺在優先發展的戰略位置，對教育工作作出了一系列重大決策部署，我國在教育普及、教育公平、教育服務國家發展、教育綜合改革等方面都取得較大進展，教育面貌正在發生格局性變化，教育事業邁上了新台階。

（一）教育事業優先發展戰略得到更好落實

持續加強頂層設計。黨的十八大以來，習近平總書記在他主持的中央全面深化改革領導小組召開的會議中，多次把教育改革問題納入議程，通過十多份重要的教育發展和改革文件。2018 年 9 月，黨中央召開了改革開放以來第五次、新時代第一次全國教育大會，習近平總書記從國之大計、黨之大計的高度，再次強調優先發展教育事業、加快教育現代化、建設教育強國的重大部署，並就教育事業改革發展提出了一系列新理念新思想新觀點。2019 年初，黨中央、國務院發佈《中國教育現代化 2035》及其《實施方案》，提出了新時代教育現代化的總體戰略和行動方案。通過加強頂層設計，夯基壘台、立柱架樑，推動全面深化教育改革的主體框架基本確立。

優先保障教育公共投入。黨和國家始終把教育擺在優先發展的戰略地位，始終堅持把教育作為財政支出重點領域予以優先保障。國家財政性教育經費投入持續增長，佔國內生產總值比例在 2012 年首次突破 4%，並連續九年保持在 4%以上。2021 年 11 月 16 日，《教育部、國家統計局、財政部關於 2020 年全國教育經費執行情況的統計公告》公佈。據統計，2020 年國家財政性教育經費達到 42908 億元，佔國內生產總值比例為 4.22%。近年來，國家財政性教育經費使用堅持"保基本、補短板、促公平、提質量"，堅持向農村地區、邊遠貧困地區和民族地區傾斜。

（二）基礎教育均衡發展水平顯著提升

推進義務教育均衡發展。黨的十八大以來，我國義務教育進入了鞏固提高、促進均衡發展的新階段。針對城鄉、區域、校際、群體差距問題，國家加大政策、資金、項目等傾斜扶持力度，重點加強農村教育、中西部教育發展能力，推動城鄉義務教育一體化發展。截至 2020 年底，全國 96.8%的縣實現縣域義務教育基本均衡發展。同時，國家採取有效措施，強力推進控輟保學工作，2020 年底，我國九年義務教育鞏固率已經超過 95%。

普及高中階段教育。黨的十八大以來，國家通過實施高中階段教育普及攻堅計劃，與 10 個普及水平較低的中西部省份簽署普及攻堅備忘錄，中央設立專項資金，加大普通高中改造計劃實施力度，重點支持中西部省

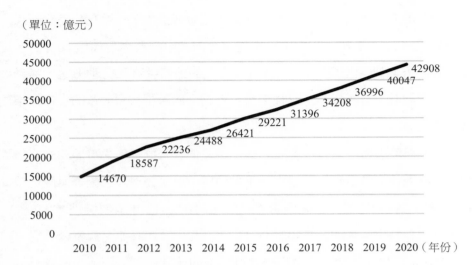

數據來源：歷年《全國教育經費執行情況統計公告》。

2010—2020 年國家財政性教育經費

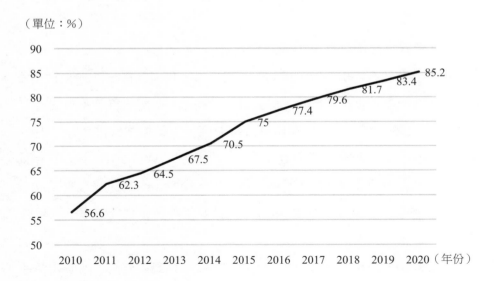

數據來源：歷年《全國教育事業發展統計公報》。

2010—2020 年學前教育毛入園率

份貧困地區普通高中改善辦學條件。至 2020 年，我國如期實現全國高中階段教育毛入學率達到 90％以上的目標，縣域普通高中辦學資源顯著增加，全面進入提質新階段。

補齊學前教育短板。針對人民群眾的重要關切，從 2011 年起，國家連續實施三期學前教育三年行動計劃。各級政府持續加大財政投入，實施重大工程項目，擴大資源總量，主要支持中西部農村地區、貧困地區學前教育發展。在政府政策和項目推動下，學前教育在短短幾年裏實現跨越式發展。至 2020 年底，我國已如期實現全國學前三年毛入園率達到 85％的普及目標、普惠性資源覆蓋率（公辦園和普惠性民辦園在園幼兒佔比）達到 80％的普惠目標和全國公辦園在園幼兒佔比達到 50％的結構性目標。

（三）高等教育普及水平和質量持續提高

高等教育規模和入學率持續提升。黨的十八大以來，我國高等教育規模持續擴大，全國普通高校數量從 2012 年的 2442 所增加到 2020 年的 2738 所；各類高等教育在學總規模 [①] 從 3325 萬人擴大到 2020 年的 4183 萬人；高等教育毛入學率從 30％提高至 54.4％。廣大青年人接受高等教育的機會不斷增加，高等教育正在由大眾化階段進入普及化階段。

高等教育公平性逐步增強。2012 年起，我國開始實施重點高校定向招收農村和貧困地區學生的國家專項計劃、地方專項計劃和高校專項計劃，"十三五"時期累計達到 52.5 萬人，高等教育的公平性逐步提升。與此同時，國家學生資助政策體系進一步完善。據《2020 年中國學生資助發展報告》，2020 年，政府、高校及社會設立的各項普通高等教育學生資

[①] 包括研究生、普通本專科、成人本專科、網絡本科、高等教育自學考試本專科等各種形式的高等教育在學人數。

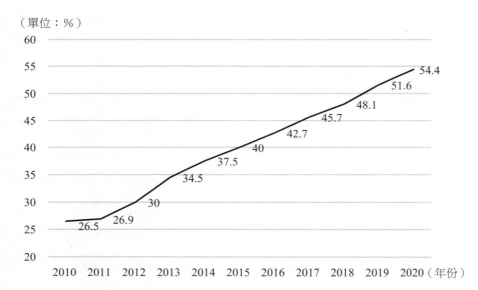

（單位：％）

數據來源：歷年《全國教育事業發展統計公報》。

2010—2020 年高等教育毛入學率

助政策共資助學生 3678.22 萬人次，資助金額 1243.79 億元；其中，財政資金 653.04 億元，佔年度資助資金總額的 52.51%。

　　高等教育質量加快提升。在擴大高等教育規模的同時，國家高度重視提升高等教育質量。在 "211 工程" 和 "985 工程" 基礎上，2015 年，國務院印發《統籌推進世界一流大學和一流學科建設總體方案》，啟動 "雙一流" 建設，以提高高等教育質量，分類建設一流大學和一流學科，加快培養理工農醫類專業緊缺人才為主攻方向，支持發展高水平研究型大學，加強基礎研究人才培養，推進產學研深度融合。

（四）職業教育服務經濟社會發展能力不斷增強

　　初步構建起縱向貫通、橫向融通的現代職業教育體系。黨的十八大以來，以習近平同志為核心的黨中央把職業教育擺在了前所未有的突出位置，職業教育面貌發生顯著變化。2014 年，國務院作出《關於加快發展現代職業教育的決定》，將加快發展職業教育作為國家戰略部署。2019年，國務院印發《國家職業教育改革實施方案》，把奮力辦好新時代職業教育細化為具體行動，提出一系列針對性很強的改革舉措，特別是通過"建立'職教高考'制度，完善'文化素質＋職業技能'的考試招生辦法"，促使"普職融通"的教育理念有效落地。2021 年，全國職業教育大會召開後不久，中共中央辦公廳、國務院辦公廳印發《關於推動現代職業教育高質量發展的意見》，進一步健全職普並行、縱向貫通、橫向融通的培養體系，強化職業教育的類型特色。我國職業教育已從規模擴張邁入提質培優、增值賦能的高質量發展新階段。

培養了一大批技術技能人才。職業教育肩負著培養多樣化人才、傳承技術技能、促進就業創業的重要職責。2020 年，我國共有職業院校 1.13萬所，在校學生 3088 萬人，建成世界規模最大的職業教育體系。全國職業學校開設了 1300 餘個專業和 10 餘萬個專業點，基本覆蓋了國民經濟各領域，每年培養 1000 萬左右高素質技術技能人才。近年來，全國各地相繼開展產教融合、校企合作、現代學徒制等實踐模式，職業教育結構和辦學格局不斷優化，人才培養質量明顯提升，有力支撐了經濟社會發展。

三、就業更充分和更有質量

就業是民生之本。黨的十八大以來，面對各種新挑戰新任務，以習近平同志為核心的黨中央始終將促進就業作為經濟社會發展的優先目標。十年來，儘管內外部環境錯綜複雜，還面臨新冠肺炎疫情的嚴重衝擊，我國就業形勢始終保持了基本穩定，就業質量不斷提高。

（一）就業形勢穩中有優

就業規模不斷擴大，失業率一直維持在較低水平。黨的十八大以來，就業優先政策不斷發力，在經濟發展進入新常態並向高質量發展轉型的階段中，城鎮就業規模仍以較高速度增長，從 2012 年的 3.7 億增加到 2020 年的 4.6 億。年新增就業人數持續保持高位，十年一直保持在 1200 萬人左右。城鎮登記失業率一直在 4% 左右。自 2018 年按月發佈調查失業率以來，除了 2020 年 2 月之後由於受到新冠肺炎疫情的影響有所上升外，城鎮調查失業率總體在 5% 左右，2021 年的 12 月已經降至 5.1%。

城鎮就業佔比不斷上升，農業就業穩步下降。隨著城鎮化進程和農村勞動力的轉移，城鎮就業比重有了明顯提升。從城鄉就業結構看，城鎮就業人口佔比從 2012 年的 49% 上升到 2020 年的 62%。從三次產業結構看，勞動者持續向第三產業轉移，農業就業佔比明顯下降，2012 年第一產業就業佔比達到 33.5%，二、三產業就業佔比分別為 30.4% 和 36.1%，而到 2020 年，第一產業就業佔比為 23.6%，二、三產業就業佔比分別為 28.7% 和 47.7%。

勞動者教育和技能水平不斷提高。勞動年齡人口的受教育水平明顯提升，15 歲以上人口的平均受教育年限從 2010 年的 9.08 年上升到 2020 年的 9.91 年，每十萬人中接受大專以上教育的人口從 2010 年的 8930 人上升到 2020 年的 15467 人。實施新時代人才強國戰略，完善了技能人才隊伍建設的政策體系，技能人才隊伍不斷壯大。2020 年全國技能人才總量超過 2 億人，高技能人才超過 5000 萬人。累計取得各類專業技術人員資格證書從 2012 年的 1575 萬人上升到 2020 年的 3588 萬人。實施職業技能提升行動，開展企業職工崗位技能提升培訓，強化重點群體就業技能培訓。2020 年共組織補貼性職業培訓 2700.5 萬人次和以工代訓 2209.6 萬人。

（二）勞動保護水平明顯提升

　　社會保險制度不斷完善。勞動者社會保險的參與水平明顯提高。勞動者自身的社會保險參保意識不斷加強，用人單位的參保行為也更加規範。全國職工基本養老保險職工、職工基本醫療保險、失業保險、工傷保險、生育保險的參保人數分別由 2012 年的 22981 萬人、26486 萬人、15225 萬人、19010 萬人和 15429 萬人上升到 2020 年的 32859 萬人、34423 萬人、21689 萬人、26770 萬人和 23546 萬人。社會保險的制度更加完善，經辦服務水平進一步提升。全面推進機關事業單位養老保險制度改革，實現機關事業單位和企業的養老保險制度併軌。建立統一的城鄉居民基本養老保險制度，打通職工和居民兩大基本養老保險制度的銜接通道，完善社會保險關係轉移接續制度，更好地保障了流動人口、就業不穩定人口的權益。社保經辦業務與“互聯網＋”技術深度融合，社會保障卡實現了“一卡多用，全國通用”，電子憑證、信息記錄、自助查詢、就醫結算、繳費和待遇領取以及金融支付等六類功能不斷完善，社會保障卡持卡人口覆蓋率 2020 年已經達到 95.4％。制定基本養老保險基金投資管理辦法，在確保安全的前提下努力實現基金保值增值。降低養老、失業、工傷、生育保險費率，減輕企業繳費壓力。

　　勞動關係更為和諧。勞動關係法律體系進一步健全。出台《中共中央國務院關於構建和諧勞動關係的意見》，對構建中國特色和諧勞動關係進行頂層設計和總體部署，保障了勞動關係更加規範有序、公正合理、互利共贏、和諧穩定。修訂了勞動合同法，規範勞務派遣；頒佈了女職工勞動保護特別規定，保障女職工的合法權益；人社部等八部門共同印發《關於維護新就業形態勞動者勞動保障權益的指導意見》，對於新就業形態勞動者權益保障面臨的突出問題進行了規範。勞動合同制度得到了完善，2020年全國報送人力資源社會保障部門審查並在有效期內的集體合同累計145萬份，覆蓋職工1.4億人。縣級以上普遍建立三方機制，各級勞動保障監察機構也加大了指導監督力度，職工勞動條件逐步改善。在全面治理拖欠農民工工資等重點難點問題上取得了明顯成效。根據各地實際，合理調整最低工資標準，完善工資指導線形成機制，積極推行工資集體協商制度。

（三）就業政策體系在穩就業中起到更加積極的作用

就業優先被置於宏觀經濟決策的優先地位。黨的十八大以來，黨中央一直把就業優先戰略擺在突出位置。2019年，政府工作報告進一步明確將就業優先政策作為三大宏觀政策之一，提出加強宏觀政策的協調配合，強化各方面重視就業、支持就業的導向，特別是注重擴大就業與發展經濟良性互動，促進就業增長。2020年，面對新冠肺炎疫情的衝擊，黨中央將穩就業、保就業放在"六穩""六保"首位，及時出台一系列政策，確保就業的穩定。在精準防控的同時，通過減負、穩崗、擴大投資、支持創業和靈活就業等方式，鼓勵企業復工復產；對於農民工、高校畢業生、社會困難人員等特殊群體，拓寬就業渠道、加大保障力度；同時完善職業培訓和就業服務，這些措施迅速落實、精準發力，在極其困難的情況下保障了就業的基本穩定。

創業就業支持體系更加豐富。大眾創業萬眾創新是推動經濟增長的重要引擎，也是擴大就業、改善民生的重要渠道。國家制定了一系列促進創業就業的政策，推進"放管服"、商事制度改革，支持創業創新基地、眾創空間等平台建設，在資金、培訓等方面提供便利，我國的創業環境顯著改善，創業帶動就業能力持續增強。截至2020年底，全國登記在冊個體工商戶 9287.2 萬戶，全國返鄉入鄉創業人員總數 1010 萬人，帶動就業超過 3000 萬人。人力資源服務體系進一步完善。推動公共就業服務城鄉常住人口全覆蓋，公共就業和人才服務機構在開展政策諮詢、信息發佈、職業指導、職業介紹、就業援助、創業服務等方面的能力得到加強。人力資源市場管理進一步規範。2018 年實施了《人力資源市場暫行條例》，2019 年印發了《關於進一步規範人力資源市場秩序的意見》，規範了勞動者求職、用人單位招聘、人力資源服務機構提供服務等權利義務和行為。2020 年全國共有人力資源服務機構 4.58 萬家，人力資源服務業從業人員達到 84.33 萬人。支持培育新經濟新業態，促進和保障勞動者就業。隨著新一輪科技革命和產業變革的蓬勃發展，催生了很多新業態、新模式、新職業。在 2015 年版《中華人民共和國職業分類大典》的基礎上，又頒佈了四批新職業。2021 年還調整了《國家職業資格目錄》，與 2017 年相比削減了 68 項職業資格。同時，在勞動合同、收入保障、工作時間、職業安全等方面探索對新業態勞動者的權益保障。

　　重點群體就業扶助政策更為精準有效。農村轉移勞動力、高校畢業生等特殊群體一直是就業工作的重點。在促進農村轉移勞動力就業方面，通過多種模式開展勞務輸出合作、在輸出地大力開展技能培訓、鼓勵返鄉創業帶動就業，促進農村貧困勞動力轉移就業。2021 年農民工總量達到 2.9 億，比 2012 年的 2.6 億有了明顯增長。在促進高校畢業生就業方面，探索了形式多樣的招聘活動、創業培訓和資助、用人單位的社保補貼和所得稅優惠、"三支一扶" 和大學生村幹部等基層就業項目，在高校畢業生屢創新高的情況下，實現了高校畢業生就業水平總體穩定。

四、養老服務保障體系健全而有力

老齡工作事關億萬老年人、家庭福祉和國家發展全局。黨的十八大以來，黨中央對於老齡工作作出了一系列部署，各地區、各有關部門認真貫徹落實黨中央、國務院決策部署，老齡事業發展取得一系列新成就。

（一）養老保障體系不斷健全

養老保險覆蓋率不斷擴展。黨的十八大以來，黨和政府持續擴充人群參保覆蓋面，養老保險覆蓋率不斷提升，基本養老保險參保人數從 2012 年的 7.88 億人增至 2021 年的 10.29 億人，參保率連續多年保持在 90％以上。2014 年 2 月和 2015 年 1 月，國務院先後印發《關於建立統一的城鄉居民基本養老保險制度的意見》和《機關事業單位工作人員養老保險制度改革的決定》，將城鄉居民養老保險以及機關事業單位工作人員養老保險和企業職工養老保險分別進行整合，進一步縮小人群待遇差距，提升了制度公平性。

養老金水平不斷提升。黨的十八大以來，我國企業職工養老金持續增長。2020 年，城鎮職工月均基本養老金達到 3350 元。城鄉居民基本養老保險基礎養老金最低標準也先後在 2014 年、2018 年、2020 年進行了三次上調，從試點之初的每月 55 元分別增至 70 元、88 元和 93 元。2020 年，城鄉居民月均基本養老金達到 174 元，各級政府提供的城鄉居民養老保險補助資金超過 3000 億元。

多層次保障體系逐漸形成。為減少對基本養老保險的過度依賴，進一步提升居民保障水平，黨的十八大以來，黨和政府繼續推動以企業年金為主的第二支柱以及包括個人商業養老保險在內的第三支柱發展。到 2020

年末，全國有 10.5 萬戶企業建立了企業年金，參加職工 2718 萬人，年末企業年金積累基金達到 22497 億元。個人稅收遞延型商業養老保險試點也在持續推進，養老保障的多支柱、多層次保障格局更加完善。

（二）養老服務體系日漸完善

養老機構建設逐步完善。黨的十八大以來，我國進一步加大了養老機構供給。到 2020 年末，全國共有各類提供住宿的養老機構 3.8 萬個，養老服務床位增至 823.8 萬張。隨著 2016 年國務院辦公廳《關於全面放開養老服務市場提升養老服務質量的若干意見》、2017 年《養老機構服務質量基本規範》、2019 年《城企聯動普惠養老專項行動實施方案（試行）》等政策的實施，養老服務機構進入高質量建設階段，服務的普惠性進一步增強。

居家社區養老不斷發展。黨的十八屆五中全會將養老服務體系建設中的"機構為支撐"調整為"機構為補充"，進一步凸顯養老服務體系建設中居家和社區的重要性。自 2015 年北京市成為首家出台省級層面的《居家養老服務條例》後，包含養老驛站、日間照料中心、幸福院等在內多種形式的居家和社區養老在全國範圍內迎來了快速發展。目前，城鎮大部分社區以及農村超過 1/6 的村落都配備了各種形式的居家養老服務設施，貼近居民周邊、身邊、床邊的養老服務快速發展，逐漸成為解決絕大多數老年人養老需求的基本力量。

服務能力穩步提升。黨的十八大以來，在設施建設規劃科學化、養老服務標準化和養老服務人員專業化的推動下，我國的養老服務能力顯著提升。在原來提供餐飲、住宿、休閒娛樂等的基礎上，養老服務逐步發展成集康復、護理、心理慰藉、休閒旅居等多種內容在內的綜合體系。養老服務滿足多元化和個性化需求的能力不斷提升，根據老年人不同階段需求特點提供的居家、社區和機構之間協調、連續的服務供給體系初步形成。

（三）醫養康養結合持續推進

　　醫養結合快速推進。黨的十八屆五中全會在養老服務體系模式中引入了“醫養相結合”的新提法。自 2016 年國家啟動醫養結合試點以來，醫養結合服務快速發展，醫療辦養老、養老辦醫療以及社區層面的醫養結合各類模式不斷湧現。到 2020 年底，全國共有兩證齊全的醫養結合機構 5857 家，床位 158.5 萬張，醫療與養老服務機構建立合作關係 7.2 萬對，超過 90％的養老機構都能以不同形式為入住的老年人提供醫療衛生服務。

　　老年健康支撐體系逐步完善。黨的十八大以來，黨和政府進一步加大了對老年健康問題的重視。2017 年，國家頒佈《“十三五”健康老齡化規劃》。2018 年國家衛健委新設老齡健康司，之後《關於建立完善老年健康服務體系的指導意見》《老年健康服務體系規劃》等相繼出台，一個涵蓋健康教育、預防保健、疾病診治、康復護理、長期照護、安寧療護在內的綜合連續、覆蓋城鄉的老年健康服務體系逐漸形成。老年醫療衛生政策的重心也逐步從重視病後治療轉向病前預防，老年醫療衛生政策的專項性、針對性和可操作性逐步提高。

　　長期照護穩步發展。面對日益增長的失能、失智人員的長期照護問題，2016 年，人社部發佈《關於開展長期護理保險制度試點的指導意見》，選擇 15 個市區開展長期護理保險試點。截至 2021 年 3 月，全國 49 個城市開展了試點工作，覆蓋人群超過 1 億人，報銷水平達到 70％左右。2021 年 8 月，國家醫保局和民政部聯合下發《長期護理失能等級評估標準》，長期照護發展進入制度化建設的新階段。

（四）老年友好型社會逐步形成

　　制度建設積極推進。黨的十八大以來，隨著觀念理念的不斷提升，養老服務保障領域的政策頂層設計更加科學，政策措施也日漸豐富。2019 年 11 月，中共中央、國務院印發《國家積極應對人口老齡化中長期規劃》。黨的十九屆五中全會進一步將積極應對人口老齡化上升為國家戰略。2021 年 10 月，習近平總書記對老齡工作作出重要指示強調："貫徹落實積極應對人口老齡化國家戰略，讓老年人共享改革發展成果安享幸福晚年"，為新發展階段的老齡工作明確了方向。2021 年 11 月，中共中央、國務院制定《關於加強新時代老齡工作的意見》，對實施積極應對人口老齡化國家戰略和加強新時代老齡工作提出新要求、作出新部署。這一階段，原有的以民政系統為依託的老齡工作體系逐步轉型為以衛健系統為主幹、民政系統發揮重要作用的老齡工作體系。

　　老齡產業快速發展。黨的十八大以來，黨和政府通過政策扶持、產業規劃等措施，積極引導老齡產業發展，繁榮老齡消費市場，在更好滿足老年人需求的同時，不斷提升老年人的生活質量。2013 年《國務院關於加快發展養老服務業的若干意見》發佈後，我國老齡產業發展進入快車道。2020 年，國家統計局出台《養老創業統計分類（2020）》，界定了養老產業的統計範圍。目前，包含康復輔具、適老化改造、健康管理、養老地產、老年金融、康養旅居等在內的老年產品開發體系發展迅速，包含智慧養老在內的為老服務內容日漸豐富。

　　社會環境更加適老。在做好基本服務保障的同時，黨和政府通過加快適老化改造，促進老年群體的社會參與和社會融合，從多方面營造更加敬老孝老的社會環境，加快推進老年友好環境建設。各地政府通過財政補貼方式推動老舊小區改造，相關部門通過發佈設計規範方式推動互聯網適老化建設，彌合"數字鴻溝"。為滿足老年人精神文化需求，相關部門大力發展老年教育和文化事業，推動老年大學建設，保障老有所為、老有所樂。截至 2020 年末，中國老年大學超過 8 萬所，在校學員超過 1000 萬人。在實體學校發展的同時，網絡數字化教育逐漸成為老年教育的重要形式。2020 年，國家衛生健康委和全國老齡辦聯合發佈《關於開展示範性全國老年友好型社區創建工作的通知》。在政策推動下，孝親敬老成為中小學教育的重要內容和媒體宣傳的常態化內容，孝老、親老、敬老的社會風尚基本形成。

五、人民健康水平不斷提升

人民健康是民族昌盛和國家富強的重要標誌。黨的十八大以來，以習近平同志為核心的黨中央高度重視人民健康，全面實施健康中國戰略，出台一系列衛生健康領域法律法規，推動衛生健康事業取得新的顯著成績。

（一）人民健康水平大幅提升

居民健康水平持續改善。2010—2019 年，人均預期壽命從 74.8 歲提高到 77.3 歲，孕產婦死亡率、嬰兒死亡率、5 歲以下兒童死亡率分別從 2010 年的 30.0/10 萬、13.1 、16.4 降至 16.9/10 萬、5.4 、7.5 ，主要健康指標優於中高收入國家平均水平。

健康公平性進一步提高。城鄉居民健康水平差異不斷縮小。2010 年，農村嬰兒死亡率、5 歲以下兒童死亡率分別為城市的 2.78 和 2.75 倍，到 2020 年，這一差距分別縮小到 1.72 倍和 2.02 倍。隨著孕前檢查和

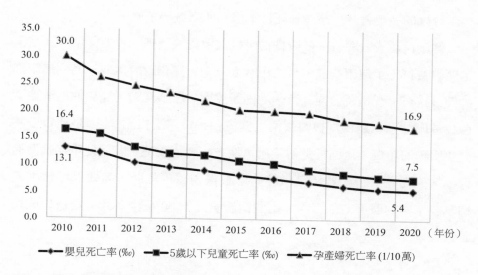

數據來源：歷年中國衛生健康統計年鑒。

2010—2020 年主要健康指標變化情況

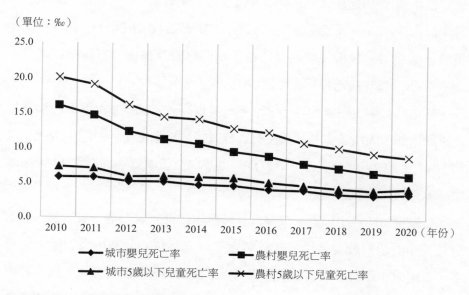

數據來源：歷年中國衛生健康統計年鑒。

2010—2020 年城鄉主要健康指標變化情況對比

住院分娩的廣泛普及，孕產婦死亡率已無明顯城鄉差異。

　　健康扶貧成效顯著。健康扶貧是打贏脫貧攻堅戰的重要一環，為貧困地區脫貧打下了健康基礎。黨的十八大以來，黨和政府採取一系列措施推動健康扶貧：一是著力提升貧困地區醫療衛生服務能力，歷史性地消除了農村貧困地區、鄉村兩級醫療衛生機構和人員 "空白點"。二是補齊公共衛生服務的短板，全面推進傳染病、地方病防治攻堅，開展健康素養促進行動。三是開展分類救治，做好資助參保和醫療救助，有效保障貧困人口享有基本的醫療衛生服務。這些措施使近 1000 萬因病致貧返貧戶成功脫貧。

（二）公共衛生服務整體能力不斷提高

　　堅持預防為主，主要疾病得到遏制。重大傳染病防控策略持續優化，更好落實國家免疫規劃，主要傳染病發病率顯著下降，5 歲以下兒童乙型肝炎病毒（HBV）感染率降至 1％以下，摘掉乙肝大國帽子。慢性病防治策略不斷發展，以慢性病綜合防控示範區建設為抓手，堅持關口前移，2019 年重大慢性病過早死亡率比 2015 年降低 10.8％。

　　基本公共衛生服務均等化水平進一步提高。我國基本公共衛生服務投入不斷增加，人均基本公共衛生服務經費補助標準從 2010 年的 15 元提高到 2021 年的 79 元。項目不斷豐富，免費向全體城鄉居民提供 14 大類國家基本公共衛生服務項目。

　　打贏疫情防控阻擊戰，突發公共衛生事件應對能力進一步增強。面對突如其來的新冠肺炎疫情，在以習近平同志為核心的黨中央的堅強領導下，我國成功應對了這次新中國成立以來發生的傳播速度最快、感染範圍最廣、防控難度最大的重大突發公共衛生事件。為提高突發公共衛生事件應對能力，國家成立國家疾病控制局，加強疾控體系現代化建設，提升醫院救治能力，健全城市傳染病救治網絡。

（三）全民醫療保障體系更加健全

建立起世界上規模最大的基本醫療保障網，多層次醫療保障體系不斷完善。黨的十八大以來，全民醫療保障制度改革持續推進。健全全民醫保制度，織起世界最大的基本醫療保障網。2020 年參保人群規模達到 13.61億，覆蓋率持續超過 95％。建立統一的城鄉居民醫保和大病保險制度，各級財政對居民醫保的補助標準由 2010 年 ① 的人均 120 元增長到 2021年的 580 元。醫療救助不斷完善，救助對象範圍拓展，商業健康險快速發展。

衛生投入不斷提高，群眾看病就醫的負擔明顯減輕。醫療保障水平逐步提高，城鎮職工和城鄉居民醫保政策範圍內住院費用統籌基金支付比例分別達到 85％和 70％左右。個人衛生支出佔衛生總費用的比重不斷下降，從 2010 年的 35.29％下降到 2020 年的 27.65％。開展支付方式改革，報銷比例提升，報銷範圍擴大。異地就醫即時報銷，緩解流動人口看病難問題。

"三醫聯動" 改革成效明顯。2018 年國家醫保局成立後，實現了城鎮職工基本醫療保險、城鎮居民基本醫療保險、新型農村合作醫療 "三保合一"，並整合了藥品和醫療服務價格管理、醫療救助等職能，醫療保障在 "三醫聯動" 醫改中導向作用越來越大。一是醫保藥品目錄動態調整機制逐步完善。初步建立了基於藥物經濟學評價的醫保藥品目錄動態調整機制，醫保目錄調整周期從最長 7 年縮短至 1 年，創新藥從上市到納入醫保的時間從最長 4—9 年縮短至 0.5—5 年，實現了用藥保障範圍不斷擴大

---

① 2010 年時，新農合和城鎮居民醫保尚未合併，財政對二者的補助標準均為 120 元。

（單位：%）

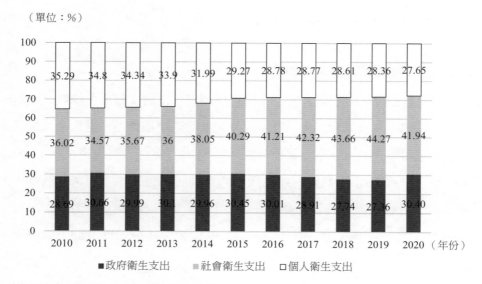

數據來源：歷年中國衛生健康統計年鑑。

2010—2020 年衛生總費用構成變化情況

和結構的優化。二是醫保藥品價格談判、藥品和耗材集中帶量採購成為常態，大幅減輕群眾用藥負擔。三是支付方式改革快速推進，對約束醫療機構行為、提高醫保基金使用效率發揮著日益重要的作用。2019 年開始在全國 30 個城市啟動開展按疾病診斷相關分組（DRG）付費試點，在 71 個城市啟動區域點數法總額預算和按病種分值（DIP）付費試點。支付方式改革增強了醫療機構成本意識，控制了醫療費用的不合理上漲，提高了醫保基金使用效率，同時對推動分級診療、引導醫院高質量發展、促進形成科學有序就醫格局都發揮著積極作用。

（四）醫療健康服務體系日益完善

醫療衛生網絡不斷健全，服務能力和服務可及性持續提高。全面加強基層醫療服務體系建設，優化醫療資源配置，積極發展以縣級醫院為龍頭的緊密型縣域醫共體建設，促進醫療資源有效下沉，織牢基層醫療機構"網底"。大力支持國家醫學中心和區域醫療中心建設，推動優質醫療資源擴容和區域均衡佈局。截至 2020 年底，84％的縣級醫院達到二級及以上醫院水平，近 90％的家庭 15 分鐘內能夠到達最近醫療點。2010—2020 年，每千人口醫療衛生機構床位數從 3.56 張增長到 6.46 張，執業（助理）醫師數從 1.80 人增長到 2.90 人，註冊護士數從 1.53 人增長到 3.34 人。

　　分級診療制度建設穩步推進，就醫格局逐步優化。大力推進緊密型醫聯體建設，完善相關醫療服務價格調整、醫保支付方式改革等制度，促進醫療資源的橫向和縱向整合。全面落實家庭醫生簽約服務制度，穩步推進基層首診，引導服務重心下移、資源下沉，推動診療格局不斷優化。截至 2020 年底，重點人群的家庭醫生簽約率達到 75.46％，全國縣域內就診率已經達到 94％，"小病不出村、大病不出縣"目標基本達成。

　　公立醫院改革繼續攻堅克難，現代醫院管理制度逐步建立。全面推開

（單位：人/千人口）

數據來源：歷年中國衛生健康統計年鑒。

2010—2020 年衛生技術人員數量變化情況

公立醫院綜合改革，全面取消藥品和耗材加成，破除以藥補醫的機制，開展現代醫院管理制度試點，推進以質量為核心、以公益性為導向的績效考核。不斷優化公立醫院籌資結構，持續加大財政對公立醫院投入力度，全面取消藥品和耗材加成，嚴格控制醫療費用不合理增長。2012—2020 年門診和住院病人的藥費佔醫療總費用的比例分別從 50.3％和 41.1％降至 39.1％和 26.2％。

"互聯網＋醫療健康"快速發展，為就醫提供更多便利。"互聯網＋醫療健康"政策體系逐步完善，互聯網診療、互聯網醫院、遠程醫療等不同類型服務規範性和服務效率不斷提升，信息基礎支撐不斷加強，衛生健康信息標準化不斷增強。截至 2021 年 6 月，全國已有超過 1600 家互聯網醫院，遠程醫療協作網覆蓋所有的地級市，促進醫療資源下沉，基層服務水平進一步提升。

（五）藥品供應保障能力不斷增強

藥品供應保障制度日益完善。國家衛健委牽頭梳理了臨床短缺藥品清單，建立了全國短缺藥品監測預警系統，建立短缺藥品定點生產制度，支持集中生產基地建設，實行配套價格政策和價格監管，保障了短缺藥品價格穩定和市場供應。

藥品集中採購有序開展，群眾用藥負擔大幅減輕。協同推進藥品集中採購和使用。截至 2021 年底，共組織六輪藥品價格談判，實施七批藥品集採，顯著降低了藥品價格，談判成功和集採中標藥品價格平均降幅均在 50％—60％。打通降價藥進醫院"最後一公里"，將政策紅利引導到臨床端，有效降低了患者負擔。

推進仿製藥一致性評價，深化藥品審評審批制度改革。藥品審評審批制度不斷完善，加快推進仿製藥一致性評價工作，促進藥品質量提升與替

（單位：億元）

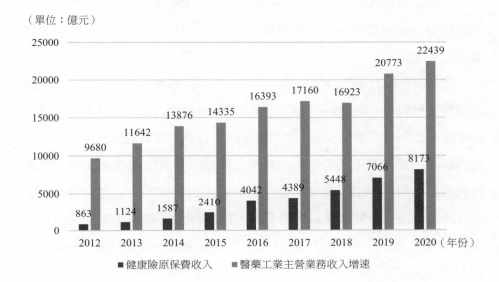

數據來源：中國銀行保險監督管理委員會，中國醫藥統計網。

2012—2020 年健康險及醫藥工業發展情況

代使用，為藥品集採打下基礎。對急需藥品設立藥品優先審評通道，評審效率大幅提高。2018 年抗癌新藥的審批時間已經縮短一半，平均時長為 12 個月左右，與發達國家的審批速度日趨一致。

（六）醫療健康產業高速發展

　　健康產業政策體系逐漸完善健全。黨的十八大以來，國務院及相關部門制定了一系列鼓勵健康產業發展的政策措施，把發展健康產業放在重要位置，各部門各地方圍繞完善產業規劃、放寬產業准入、培育特色業態、增強要素支撐等方面出台政策文件，加大力度構建政策體系。一是鼓勵健康科技創新，實現健康產業創新發展，以生物醫藥為代表的行業發展迅速。二是改革完善行業綜合監管制度，激發社會力量活力，促進健康產業和社會辦醫規範發展，滿足群眾多樣化、差異化健康需求。三是鼓勵延伸產業鏈條，實現健康產業融合發展。四是深化國際交流合作，實現開放發展。

　　產品創新能力不斷增強，健康產業規模不斷擴大。在打贏新冠肺炎疫情防控阻擊戰中，創新藥、疫苗、檢測試劑研發能力得到充分顯現。健康險產品不斷創新，帶病參保、普惠健康險、特藥險等新產品的出現，保障屬性逐步凸顯，有效助力多層次醫療保障體系建設。隨著人民健康需求持續增長，用於保健、療養、健身等方面支出增長較快，有力地支撐了健康產業的發展。醫藥產業快速發展，2020 年全國醫藥工業主營業務收入 2.24 萬億元，是 2012 年的 2.3 倍；商業健康保險保費規模不斷提高，2020 年達到 8173 億元。

六、住房保障水平不斷提升

　　"宅者人之本，人因宅而立。"住房是人的生存之所和發展之基。面對住房保障難題，黨始終堅持以人民為中心，根據經濟發展水平和財政承受能力，盡最大努力，通過持續性投入，最大限度地為人民群眾提供住房保障。黨的十八大以來，我國住房保障體系不斷完善，住房保障能力持續增強，住房保障跨入了新的歷史時期，取得了歷史性成就，逐步實現住有所居的目標。

（一）歷史性地實現農村住房安全有保障

　　按時完成脫貧攻堅農村危房改造掃尾工程任務。黨的十八大以來，國家大力實施建檔立卡貧困戶危房改造，同步實施低保戶、農村分散供養特困人員、貧困殘疾人家庭 3 類重點對象危房改造，著力補齊農村貧困人口住房安全短板，脫貧攻堅農村危房改造掃尾工程任務已按時完成。截至 2021 年 8 月，790 萬戶、2568 萬貧困群眾的危房得到改造；同步支持 1075 萬戶農村低保戶、分散供養特困人員、貧困殘疾人家庭等貧困群體改造危房；全國 2341.6 萬戶建檔立卡貧困戶實現住房安全有保障。

　　建立健全貧困人口住房安全動態監測機制。國家將健全貧困人口住房安全有保障動態監測機制，對已脫貧建檔立卡貧困戶住房返危情況及時發現、及時解決，鞏固脫貧攻堅成果。此外，將堅持盡力而為、量力而行、適度保障的原則，把居住在危房中的相對貧困戶納入政策支持範圍，進一步完善危房改造方式和資金籌措體系，為鞏固脫貧攻堅成果提供更完善的機制保障。

（二）持續提升城鎮住房保障水平

　　城鎮保障性住房的供給大幅度增加。黨的十八大以來，建設各類保障性住房和棚改安置住房 4700 多萬套，幫助 1 億多困難群眾改善了住房條件，人民群眾的獲得感、幸福感、安全感不斷增強。僅 "十三五" 期間，全國棚改累計開工超過 2300 萬套，幫助 5000 多萬居民 "出棚進樓"；截至 2020 年底，3800 多萬困難群眾住進公租房，累計 2200 多萬困難群眾領取租賃補貼。城鎮低保、低收入住房困難家庭基本實現應保盡保。當前，我國已經形成惠及 2 億多城鎮居民、覆蓋面超過 20％的住房保障供給體系。

　　城鎮住房保障政策體系進一步完善。黨的十八大以來，為解決困難群眾住房問題，黨中央、國務院出台了一系列財政補助、土地優先供應、信貸扶持、稅費減免等支持政策，完善了財政、土地、金融和稅費減免等支

持政策，建立了上下聯動、齊抓共管的工作機制。對於人口淨流入較多、
住房保障需求較大的大中城市，督促加大公租房保障力度，加快促進解決
城鎮中低收入居民和符合條件新市民住房困難問題。對低收入住房困難家
庭實現應保盡保，對中等偏下及以下收入住房困難家庭在合理輪候期內予
以保障，對符合條件的家庭實施精準保障。

（三）開闢發展保障性租賃住房新途徑

　　提供保障性租賃住房成為解決城市住房問題的新途徑。隨著城鎮化進
程的加速和流動人口規模的擴大，大量新市民、青年人湧向大城市，但大
城市住房價格普遍偏高，新市民特別是青年人"買不起房、租不好房"的
問題比較突出。2019 年以來，為加快解決新市民、青年人的住房困難，
國家在廣州、深圳、重慶等 13 個城市開展試點，部署開展完善住房保障
體系工作，重點發展政策性租賃住房。從試點情況看，加快發展保障性租
賃住房，促進解決新市民、青年人等群體的住房困難切實可行，將成為解
決大中城市住房困難的有效辦法。

　　保障性租賃住房政策體系逐步完善。2020 年 10 月，黨的十九屆五中
全會通過的《中共中央關於制定國民經濟和社會發展第十四個五年規劃和
二〇三五年遠景目標的建議》明確指出，擴大保障性租賃住房供給，首次
正式提出"保障性租賃住房"的概念。2021 年國務院政府工作報告提出，
切實增加保障性租賃住房和共有產權住房供給，盡最大努力幫助新市民、
青年人等緩解住房困難。2021 年 6 月，國務院辦公廳印發《關於加快發
展保障性租賃住房的意見》，從明確對象標準、引導多方參與、堅持供需
匹配、嚴格監督管理、落實地方責任等五個方面明確了保障性租賃住房的
基礎制度，和對保障性租賃住房的土地、財稅、金融等支持政策以及相應
的審批制度改革措施。

七、社會救助體系長足發展

社會救助是一項保障基本民生的制度安排，事關困難群眾基本生活和衣食冷暖，關係民生、連著民心，是社會建設的兜底性、基礎性工作。黨的十八大以來，黨中央高度重視社會救助工作，作出一系列重大決策部署，提出"守住底線、突出重點、完善制度、引導輿論"的民生工作思路，社會救助事業進入了發展快車道，實現了跨越式發展。

（一）社會救助跨越式發展

社會救助兜底功能得到加強。2014 年是中國現代社會救助政策發展史上的關鍵年，在這一年中，民政部開始推行"救急難"工作試點，自此形成保障貧困家庭基本生活的常態化救助制度和面向因意外事故而陷入貧困的社會成員的臨時救助制度格局，積極應對貧困風險，進一步夯實了社會救助兜底功能。

社會救助精準化水平顯著提升。堅持分層分類是新時代我國社會救助體系的一個鮮明特徵。一方面，針對性地設置不同救助方式，包括醫療救助、住房救助、教育救助、就業救助等的專項社會救助主要解決相關專門問題，包括受災人員救助、臨時救助的急難社會救助主要解決突發問題。在提供物質救助的同時，積極發展服務類社會救助，形成"物質＋服務"的救助方式。另一方面，差異化地區分不同救助對象，強化了分類救助管理，針對不同類型的困難家庭和人員提供有針對性的、差異化的救助幫扶，圍繞絕對貧困、相對貧困、急難情形建立分類的梯度救助體系。

（二）邁入社會救助法治化新階段

　　社會救助走向法治化。2014 年 2 月，國務院頒佈《社會救助暫行辦法》，是我國第一部統籌各類社會救助制度的行政法規，旨在進一步完善社會救助體系，編密織牢基本民生安全網，切實維護困難群眾生存權益，不斷促進社會穩定和公平正義。《辦法》將救急難、疾病應急救助、臨時救助等方針政策納入法治軌道，形成了以最低生活保障、特困人員供養、受災人員救助、醫療救助、教育救助、住房救助、就業救助、臨時救助等八項社會救助制度為主體的基本制度框架。

　　社會救助制度體系日益完善。2014 年 10 月，國務院下發《關於全面建立臨時救助制度的通知》，決定全面建立臨時救助制度，解決城鄉困難群眾突發性、緊迫性、臨時性生活困難。2017 年 1 月，民政部、財政部等部門發佈《關於進一步加強醫療救助與城鄉居民大病保險有效銜接的通知》，強調做好醫療救助和大病保險的制度銜接。2018 年 1 月，民政部、財政部發佈《關於進一步加強和改進臨時救助工作的意見》，著力加強和改善臨時救助制度，兜住民生底線。2019 年 1 月，民政部發佈《關於進一步加強生活困難下崗失業人員基本生活保障工作的通知》，明確要求進一步加強相關制度銜接，為困難群體提供綜合性幫扶。2020 年 8 月，中共中央辦公廳、國務院辦公廳印發《關於改革完善社會救助制度的意見》，在社會救助制度頂層設計上進行系統謀劃。

第七章

安全：
防範化解經濟金融風險能力不斷提高

　　國家安全是關乎國家發展穩定和社會長治久安的重大戰略問題。保證國家安全，是實現第二個百年奮鬥目標、實現中華民族偉大復興的中國夢的內在要求，是國家的頭等大事。黨的十八大以來，習近平總書記高度重視國家安全工作，提出總體國家安全觀，明確國家安全戰略方針和總體部署，要求全黨增強鬥爭精神、提高鬥爭本領，著力推動國家安全體系和能力建設，為做好各領域國家安全工作、有效維護國家安全提供了根本遵循和行動指南。在以習近平同志為核心的黨中央堅強領導下，我國經濟社會發展風險防範化解能力不斷提高，經受住了各種風險挑戰考驗，實現了發展與安全的有機統一。

一、經濟社會實現安全發展

經濟安全、社會安全都是國家安全體系的重要組成部分。黨的十八大以來，習近平總書記從統籌國內國際兩個大局的戰略高度出發，帶領全黨全國人民妥善應對化解各種前進路上的風險挑戰，開創了我國安全發展新局面。

（一）牢固樹立總體國家安全觀

進入新時代，我國國家安全內涵和外延比歷史上任何時候都要豐富，時空領域比歷史上任何時候都要寬廣，內外因素比歷史上任何時候都要複雜。面對嚴峻的國家安全形勢，習近平總書記圍繞維護國家安全發表了一系列重要論述，立意高遠，內涵豐富，思想深邃，有力指導了經濟社會領域風險防範化解工作。

創造性提出總體國家安全觀。2014 年 4 月 15 日，習近平總書記在主持召開中央國家安全委員會第一次會議上發表重要講話，創造性地提出總體國家安全觀，實現了我們黨在國家安全理論上的歷史性飛躍。總體國家安全觀強調以人民安全為宗旨，以政治安全為根本，以經濟安全為基礎，以軍事、文化、社會安全為保障，以促進國際安全為依託，走出一條中國特色國家安全道路；也強調 "大安全" 理念，涵蓋政治、軍事、國土、經濟、文化、社會、科技、網絡、生態、資源、核、海外利益、太空、深海、極地、生物等諸多領域，而且隨著經濟社會發展變革還會不斷拓展；還強調系統思維和方法，既重視外部安全，又重視內部安全；既重視國土安全，又重視國民安全；既重視傳統安全，又重視非傳統安全；既重視發展問題，又重視安全問題；既重視自身安全，又重視共同安全。

　　強調統籌發展和安全。習近平總書記強調，全面貫徹落實總體國家安全觀，必須堅持統籌發展和安全兩件大事，既要善於運用發展成果夯實國家安全的實力基礎，又要善於塑造有利於經濟社會發展的安全環境。

　　要求增強憂患意識、堅持底線思維。黨的十九屆六中全會提出的《中共中央關於黨的百年奮鬥重大成就和歷史經驗的決議》要求，全黨必須銘記生於憂患、死於安樂，常懷遠慮、居安思危。習近平總書記強調，我們必須增強機遇意識和風險意識，樹立底線思維，把困難估計得更充分一些，把風險思考得更深入一些，注重堵漏洞、強弱項，下好先手棋、打好主動仗，有效防範化解各類風險挑戰，確保社會主義現代化事業順利推進。

　　要求增強鬥爭精神、提高鬥爭本領。習近平總書記強調，只要我們把握新的偉大鬥爭的歷史特點，抓住和用好歷史機遇，下好先手棋、打好主動仗，發揚鬥爭精神，增強鬥爭本領，凝聚起全黨全國人民的意志和力量，就一定能夠戰勝一切可以預見和難以預見的風險挑戰。《中共中央關於黨的百年奮鬥重大成就和歷史經驗的決議》把“堅持敢於鬥爭”總結為我們黨百年奮鬥的十個方面歷史經驗之一，要求倍加珍惜、長期堅持，並在新時代實踐中不斷豐富和發展。

（二）國家總體安全全面加強

　　在高質量發展中有效防範化解經濟社會領域風險。我國仍處於並將長期處於社會主義初級階段，我國仍然是世界最大的發展中國家，社會主要矛盾是人民日益增長的美好生活需要和不平衡不充分的發展之間的矛盾。發展是解決我國一切問題的基礎和關鍵。黨的十八大以來，我們以供給側結構性改革為主線，建設現代化經濟體系，把握擴大內需戰略基點，打好防範化解重大風險、精準脫貧、污染防治三大攻堅戰，推動國家經濟實力、科技實力、綜合國力躍上新台階，經濟邁上更高質量、更有效率、更加公平、更可持續、更為安全的發展之路。這都極大增強了我國有效防範化解經濟社會領域風險的底氣。

　　堅持問題導向，做好重點領域風險防範化解工作。在保障糧食安全方面，堅持立足國內保障糧食基本自給的方針，按照"確保穀物基本自給、口糧絕對安全"的新觀念新要求，以我為主、立足國內、確保產能、適度進口、科技支撐，持續推進農業供給側結構性改革。在提升能源安全保障水平方面，明確了"四個革命一個合作"能源安全新戰略，持續開展節能與提高能效工作，大力發展可再生能源，增強能源科技創新能力，深化能源管理體制改革，全方位拓展國際合作。在提高產業鏈供應鏈穩定性和競爭力方面，打好關鍵核心技術攻堅戰，推進產業基礎高級化、產業鏈現代化，加強產業鏈供應鏈國際合作，暢通內外循環，加快形成具有更強創新力、更高附加值、更安全可靠的產業鏈供應鏈。在打好防範化解金融風險攻堅戰方面，堅持金融服從服務於經濟社會發展，完善金融監管體制，堅定推進經濟去槓桿，堅決處置各類金融風險。在提高生態系統整體質量和穩定性方面，加快推進國家生態安全屏障體系建設，積極推進自然保護地體系建設，大力推進生態系統保護和修復，強化生態狀況監測與風險防控預警，提升生態保護監管基礎保障能力。在建設更高水平的平安中國方面，改革完善平戰結合的重大疫情防控救治體系，推動國家應急管理體系和能力建設，建立立體化信息化的社會治安防控體系，不斷健全社會矛盾糾紛多元預防調處化解綜合機制。

二、糧食安全得到有效保障

黨的十八大以來，以習近平同志為核心的黨中央把保障糧食安全作為"頭等大事"和"永恆的課題"，深化對糧食安全的思想認識，確立新的糧食安全戰略，引領推動糧食安全理論創新、制度創新和實踐創新，推進了我國糧食安全保障工作向縱深發展，國家糧食安全保障能力顯著提升。

（一）把糧食安全作為"頭等大事"

隨著人口持續增長、經濟社會發展和人民生活水平提高，我國糧食消費需求不斷增長。我國的農村水土資源不足，國內資源環境有限，糧食生產成本持續上漲，農民種糧收益相對較低，糧食生產存在波動風險。國際經貿投資形勢複雜多變，國際糧食市場供求很不穩定，國際糧食及食品市場價格大幅波動。防範化解糧食安全面臨的風險挑戰，意義重大，任務艱巨繁重。黨的十八大以來，黨中央加強對農業農村工作的領導，深刻分析新時代新形勢新挑戰，提出了新的國家糧食安全觀，深化對解決好糧食問題的認識，統一全黨重農抓糧的思想，為防範化解糧食安全面臨的風險挑戰提供了基本遵循。

從政治上看糧食安全形勢。習近平總書記指出，雖然我國糧食生產連年豐收，但這就是一個緊平衡，而且緊平衡很可能是我國糧食安全的長期態勢。他強調，中國人的飯碗任何時候都要牢牢端在自己手上，我們的飯碗應該主要裝中國糧；還強調，糧食問題不能只從經濟上看，必須從政治上看，保障國際糧食安全是實現經濟發展、社會穩定和國家安全的重要基礎。

"藏糧於地"、"藏糧於技"。耕地是糧食生產的命根子。堅決遏制耕

地 "非農化"，防止 "非糧化"。農民可以非農化，但耕地不能非農化。我們嚴防死守 18 億畝耕地紅線，採取長牙齒的硬措施，落實最嚴格的耕地保護制度。建設高標準農田，真正實現旱澇保收、高產穩產。要把黑土地保護作為一件大事來抓，把黑土地用好養好。堅持農業科技自立自強，加快推進農業關鍵核心技術攻關。要下決心把民族種業搞上去，抓緊培育具有自主知識產權的優良品種，從源頭上保障糧食安全，要提高農機裝備水平。

調動和保護好 "兩個積極性"。穩定發展糧食生產，一定要讓農民種糧有利可圖，讓主產區抓糧有積極性。這方面，既要發揮市場機制作用，也要加強政府支持保護。穩定和加強種糧農民補貼，提升收儲調控能力，堅持完善最低收購價格政策，擴大完全成本和收入保險範圍。逐步建立價格低時補生產者、價格高時補低收入消費者的機制。要保護好地方政府抓糧的積極性，要強化對主產省和主產縣的財政獎勵力度，逐步建立健全對主產區的利益補償機制，保障產糧大縣重農抓糧得實惠、有發展，不能讓生產糧食越多者越吃虧。

善於用好兩個市場、兩種資源。要把握好進口規模和節奏，防止衝擊國內生產給農民就業和增收帶來大的影響。積極穩妥利用國際農產品市場和國外農業資源，必須謀定而後動。推動農業走出去，要充分研判經濟、技術乃至政治上的風險，提高防範和應對能力。

注重永續發展。既要保障當代人吃飯，也要為子孫後代著想，轉變農業發展方式，發展節水農業、循環農業，讓透支的資源環境逐步休養生息，不能再濫佔耕地、粗放經營、超墾過牧。要抓好糧食安全保障能力建設，加強農業基礎設施建設，完善農業補貼和糧食價格形成機制，搞好糧食流通儲備，鼓勵發展家庭農場、專業大戶、農民合作社等新型農業經營主體，健全主產區利益補償機制。

　　高度重視節約糧食。節約糧食要從娃娃抓起，從餐桌抓起，從幼兒園、託兒所以及各級各類學校抓起，從大學食堂和各個單位食堂抓起，從每個家庭抓起，讓節約糧食在全社會蔚然成風。要注重解決糧食在收儲、銷售、加工過程中的浪費。要加強立法，強化監管，採取有效措施，堅持長效機制，堅決制止餐飲浪費行為。要進一步加強宣傳教育，切實培養節約習慣，在全社會營造“浪費可恥、節約為榮”的氛圍。

（二）國家糧食安全新戰略全面實施

　　堅持和加強黨的全面領導，健全糧食國家宏觀調控機制。黨中央健全黨委全面統一領導、政府負責、黨委農村工作部門統籌協調的農村工作領導體制，國務院堅持和完善糧食安全省長責任制，注重規劃引領，深化糧食收儲制度和價格形成機制改革，發揮糧食儲備重要作用，全國人大等就節約糧食反對浪費進行專門立法。2014 年底，國務院出台《關於建立健全糧食安全省長責任制的若干意見》，從生產、流通、消費等各個環節明確各省級政府在維護國家糧食安全方面的事權與責任。2015 年，國務院辦公廳印發《糧食安全省長責任制考核辦法》，建立考核機制。從 2014 年起，有關部門先後編制了《中國食物與營養發展綱要（2014—2020 年）》《國家鄉村振興戰略規劃（2018—2022 年）》等一系列規劃。2019 年，中共中央印發《中國共產黨農村工作條例》，明確把實施藏糧於地、藏糧於技戰略，嚴守耕地紅線，確保穀物基本自給、口糧絕對安全作為黨的主要任務的內容。2020 年，習近平總書記指出，地方各級黨委和政府要扛起糧食安全的政治責任，實行黨政同責，“米袋子”省長要負責，書記也要負責。2021 年，全國人大常委會通過《中華人民共和國反食品浪費法》，中共中央辦公廳、國務院辦公廳印發《糧食節約行動方案》。

　　穩步提升糧食生產能力，保護和調動糧食種植積極性。落實“藏糧於

地"和"藏糧於技"戰略，實行最嚴格的耕地保護制度，實施全國土地利
用總體規劃，從嚴管控各項建設佔用耕地特別是優質耕地，健全建設用地
"增存掛鈎"機制，開展耕地督查、大棚房整治，嚴守耕地保護紅線。提
升耕地質量，實施全國高標準農田建設總體規劃。保護生態環境，建立糧
食生產功能區和重要農產品生產保護區。提高水資源利用效率，規劃建設
一批節水供水重大水利工程，開發推廣先進節水灌溉技術和產品。保障種
糧農民收益，逐步調整完善糧食價格形成機制和農業支持保護政策，實施
耕地地力保護補貼和農機具購置補貼等措施。

　　創新完善糧食市場體系，著力強化依法管理合規經營。積極構建多元
化市場主體格局，深化國有糧食企業改革，積極引導多元主體入市，市場
化收購比重不斷提高。健全完善糧食交易體系，搭建了規範統一的國家糧
食電子交易平台，糧食期貨交易品種涵蓋小麥、玉米、稻穀和大豆等主要
糧食品種。穩步提升糧食市場服務水平，積極引導各地發展多種糧食零售
方式，完善糧食安全保障法律法規，頒佈和修訂實施農業法、糧食流通管
理條例等法律法規。

　　全面建立糧食科技創新體系，大力發展糧食產業經濟。深入推進玉
米、大豆、水稻、小麥國家良種重大科研聯合攻關，大力培育推廣優良品
種，基本實現主要糧食作物良種全覆蓋。強化糧食生產科技支撐，科學施
肥、節水灌溉、綠色防控等技術大面積推廣。加快推動糧食產業轉型升
級，充分發揮加工企業的引擎帶動作用，統籌建好示範市縣、產業園區、
骨幹企業和優質糧食工程"四大載體"。

　　不斷擴大對外開放，全面加強國際合作。更加開放中國糧食市場，涉
糧外資企業加工轉化糧食數量、產品銷售收入不斷增加，外資企業進入中
國糧食市場的廣度、深度不斷拓展。促進國際糧食貿易繁榮發展，積極與
世界主要產糧國分享中國巨大的糧食市場。積極支持國內有條件的企業

"走出去"。不斷深化國際合作，積極參與世界糧食安全治理，積極響應和參與聯合國糧農組織等涉糧國際組織的倡議和活動。應有關國家緊急糧食援助請求，無償提供力所能及的多雙邊緊急糧食援助。

（三）中國人的飯碗牢牢端在自己的手上

我國糧食產量穩步增長，穀物供應基本自給。2021 年全國糧食產量達到 13657 億斤，比上年增長 2%，再創歷史新高，我國糧食生產迎來了第十八個豐收年景。我國用佔世界 9% 的耕地、6% 的淡水資源，解決了世界約 20% 的人口吃飯問題，中國人的飯碗牢牢端在自己的手上。全國糧食科技創新和產業經濟穩步發展，糧食流通現代化水平明顯提升，糧食儲備能力顯著增強，居民健康營養狀況明顯改善，貧困人口吃飯問題有效解決，國家糧食安全保障更加有力，為保持經濟持續健康發展和社會和諧穩定夯實了堅實基礎。

三、能源安全保障水平顯著提升

能源安全是各國國家安全的優先領域，抓住能源就抓住了國家發展和安全戰略的"牛鼻子"。進入新世紀以來，能源供需格局發生了一系列新的變化，能源供需形勢緊張，生態約束更為趨緊，創新技術亟待突破，國際能源競爭加劇，能源安全面臨多方面壓力。黨的十八大以來，以習近平同志為核心的黨中央高度重視、深入研究、總體謀劃，對我國能源安全作出了系統全面部署，提出能源安全新戰略，持續推進構建現代能源體系，加快建設能源強國，能源安全保障能力不斷提升。

（一）確立能源安全新戰略

明確了"四個革命、一個合作"能源安全新戰略。2014 年 6 月 13 日，習近平總書記主持召開中央財經領導小組第六次會議，親自研究部署能源安全戰略，從國家發展和安全的戰略高度，審時度勢，借勢而為，提出了"四個革命、一個合作"的能源安全新戰略：推動能源消費革命，抑制不合理能源消費；推動能源供給革命，建立多元供應體系；推動能源技術革命，帶動產業升級；推動能源體制革命，打通能源發展快車道；全方位加強國際合作，實現開放條件下能源安全。這為全面塑造能源安全新格局指明了道路。

將"清潔低碳、安全高效"作為現代能源體系的建設方針。《能源發展"十三五"規劃》提出了努力構建清潔低碳、安全高效的現代能源體系。此後，構建"清潔低碳、安全高效"的現代能源體系得到進一步強化並貫穿始終。黨的十九大報告中明確提出要"推進能源生產和消費革命，構建清潔低碳、安全高效的能源體系"。"十四五"規劃和 2035 年遠景目標綱要進一步提出要"推進能源革命，建設清潔低碳、安全高效的能源體系，提高能源供給保障能力"。

把實現"雙碳"目標作為能源發展的基本方向。2020 年 9 月 22 日，習近平總書記在第七十五屆聯合國大會一般性辯論上的講話中首次提出，"中國將提高國家自主貢獻力度，採取更加有力的政策和措施，二氧化碳排放力爭於 2030 年前達到峰值，努力爭取 2060 年前實現碳中和"。"雙碳"目標的提出，將夯實新能源發展的根基，為加速能源轉型和能源技術創新注入原動力。

（二）扎實推進能源革命

持續開展節能與提高能效工作，引導消費側能源轉型。堅持節能優先方針，以"單位 GDP 能耗下降"為總抓手持續推進節能工作，從源頭入手提高能源安全保障水平。深入實行能源消費總量和強度雙控制度，建立完善工業、建築、交通等重點領域和公共機構節能制度，不斷優化節能低碳稅收、金融、價格、商業模式等激勵政策。狠抓重點領域節能，堅定調整產業結構，著力發展低能耗的先進製造業、高新技術產業、現代服務業，推動傳統產業智能化、清潔化改造。

大力發展可再生能源，加快建立多元供應體系。優先發展光、風、水、核、生物質等非化石能源，大力推進低碳能源替代高碳能源、可再生能源替代化石能源。有序發展先進產能，加快淘汰落後產能，推進煤炭清潔高效利用。將加強國內油氣開發作為保障油氣安全的"壓艙石"，提升油氣勘探開發力度，推動油氣增儲上產，提高油氣自給能力。

釋放科技創新第一動能，增強能源科技創新能力。建設多元化多層次能源科技創新平台，包括國家實驗室、國家重點實驗室、國家工程研究中心等。依託重大裝備製造和重大示範工程，推動關鍵能源裝備技術攻關、試驗示範和推廣應用。大力推動能源技術與現代信息、材料和先進製造技術深度融合，依託"互聯網＋"智慧能源建設，探索能源生產和消費新模式。

深化能源體制改革，發揮市場在能源資源配置中的決定性作用。大力培育多元市場主體，打破壟斷、放寬准入、鼓勵競爭，構建統一開放、競爭有序的能源市場體系，著力清除市場壁壘，提高能源資源配置效率和公平性。按照"管住中間、放開兩頭"總體思路，穩步放開競爭性領域和競爭性環節價格，促進價格反映市場供求、引導資源配置，嚴格政府定價成本監審，推進科學合理定價。減少中央政府層面能源項目核准，取消可由市場主體自主決策的能源項目審批。

（三）能源安全保障能力顯著增強

　　能源利用效率大幅提高，能源消費結構不斷優化。2012 — 2019 年，單位國內生產總值能耗累計降低 24.4%，以能源消費年均 2.8% 的增長支撐了國民經濟年均 7% 的增長。煤炭消費佔比持續下降，2020 年在一次能源消費中的比例下降到 56.8%，比 2012 年下降了 11.7 個百分點。核、風、光、生物質等非化石能源消費佔比快速提升，2020 年達到 15.9%，比 2012 年提高了 6.2 個百分點。天然氣消費佔比也有較大幅度提高，2020 年達到 8.4%，比 2012 年提高了 3.6 個百分點。

　　能源供給質量顯著提升。2020 年，我國一次能源生產總量達到 40.8 億噸標準煤，能源自給率達 81.9%。其中，煤炭具備 40 億噸以上年生產能力，原油年產量保持在 1.9 億 — 2.1 億噸，天然氣產量從 2012 年的 1106 億立方米增長到 2020 年的 1925 億立方米。可再生能源持續快速發展，截至 2020 年底，我國水電、風電、光伏發電裝機規模分別達到 37028 萬千瓦、28165 萬千瓦和 25356 萬千瓦，均居全球首位。

2012 — 2020 年我國能源供給情況

年份	一次能源消費總量（億噸標準煤）	一次能源生產總量（億噸標準煤）	能源自給率（%）
2012	40.2	35.1	87.3
2013	41.7	35.9	86.1
2014	42.8	36.2	84.5
2015	43.4	36.2	83.4
2016	44.1	34.6	78.4
2017	45.6	35.9	78.7
2018	47.2	37.9	80.3
2019	48.7	39.7	81.5
2020	49.8	40.8	81.9

資料來源：根據國家統計局數據整理及測算。

能源科技創新成果豐碩。已形成較為完備的可再生能源、核電等清潔能源裝備製造產業鏈，技術水平大幅提高。水電領域具備全球最大的百萬千瓦水輪機組自主設計製造能力，特高壩和大型地下洞室設計施工能力均居世界領先水平。低風速風電技術位居世界前列，國內風電裝機 90％以上採用國產風機。光伏發電技術快速迭代，不斷刷新光伏電池轉換效率世界紀錄，光伏產業佔據全球主導地位，光伏組件全球排名前十的企業中我國佔據 7 家。建成若干應用先進三代技術的核電站，新建核電機組綜合國產化率超過 85％。特高壓輸電技術處於國際領先地位，掌握了 1000 千伏特高壓交流和 ±800 千伏特高壓直流輸電關鍵技術。

能源國際合作打開新局面。油氣多元化供應格局進一步拓展，中俄東線天然氣管道、中緬原油管道等一批標誌性重大項目相繼投運，建成中亞—俄羅斯、中東、非洲、美洲和亞太五大油氣合作區，逐步形成西北、東北、西南及海上四大油氣進口通道。高質量推進"一帶一路"能源合作，我國已與 90 多個國家和地區建立政府間能源合作機制，與 30 多個能源類國際組織和多邊機制建立合作關係，與 10 個國家和地區開展雙邊能源合作規劃。

四、產業鏈供應鏈穩定性和競爭力明顯提高

產業鏈供應鏈安全穩定是經濟安全的關鍵基礎。我國是世界第二大經濟體，製造業規模連續多年居全球首位。但同時，我國產業鏈供應鏈長期存在不少短板弱項，部分環節對外依存度較高，在內外部環境變化的情況下，維護產業鏈供應鏈安全穩定顯得尤為重要。黨的十八大以來，在以

習近平同志為核心的黨中央高度重視和部署指導下，我國產業技術創新體系得到持續加強，供給側結構性改革取得突出成效，產業鏈供應鏈穩定性和競爭力穩步提升，產業鏈供應鏈安全保障能力得到加強。

（一）確保產業鏈供應鏈安全成為國家重大戰略

高度重視產業鏈供應鏈安全穩定問題。習近平總書記深刻指出"工業是我們的立國之本"、"製造業是國家經濟命脈所繫"，多次講話強調"產業鏈、供應鏈在關鍵時刻不能掉鏈子，這是大國經濟必須具備的重要特徵"。2020 年 5 月 14 日，習近平總書記主持召開政治局常委會，專門研究提升產業鏈供應鏈穩定性和競爭力問題。

從推動高水平自立自強、提升產業鏈水平、暢通內外循環等多個方面提出要求。習近平總書記指出，要加大科技創新力度，圍繞產業鏈部署創新鏈，圍繞創新鏈佈局產業鏈，打造未來發展優勢，強化我國在全球產業鏈供應鏈創新鏈中的影響力，打好關鍵核心技術攻堅戰，提高創新鏈整體效能。推進產業基礎高級化、產業鏈現代化。要充分發揮集中力量辦大事的制度優勢和超大規模的市場優勢，打好產業基礎高級化、產業鏈現代化的攻堅戰。要在"合作中擴大共同利益"，通過各國團結協作，凝心聚力，推動復工復產，加強產業鏈供應鏈國際合作，暢通內外循環，為提振世界經濟注入新動力。

將產業鏈供應鏈安全上升到頂層規劃。2021 年 3 月，"十四五"規劃綱要首次將產業鏈供應鏈以專節形式在國家規劃中進行表示，強調堅持經濟性和安全性相結合，補齊短板、鍛造長板，分行業做好供應鏈戰略設計和精準施策，形成具有更強創新力、更高附加值、更安全可靠的產業鏈供應鏈。

（二）產業鏈供應鏈安全戰略部署全面落地

黨的十八大以來，各地方各部門以習近平總書記關於安全發展的一系列論述為遵循，積極推動落實產業鏈供應鏈相關工作。

完善規劃部署，強化政策引領。各地區各部門按照中央統一決策部署，持續深化供給側結構性改革，推進製造強國、網絡強國和數字中國建設。特別是高度重視製造業的發展，堅持創新驅動、質量為先，大力發展新一代信息技術產業等十大重點領域，打造中國製造核心競爭力的新優勢。

落實創新驅動發展戰略，加快產業鏈補短板。不斷加大政策支持力度，圍繞提升國家戰略科技力量，健全社會主義市場經濟條件下新型舉國體制等開展工作，通過實施重大科技專項、產業發展基金、共性技術服務平台等政策舉措，落實創新驅動發展戰略。發揮企業創新主體作用，通過"賽馬制"、"揭榜掛帥"等組織形式調動各方面積極性，激發創新活力。加大核心關鍵技術攻關力度。組織實施產業基礎再造工程，努力補齊"缺芯""少核""弱基"短板。

促進傳統產業鏈優化升級，培育壯大戰略性新興產業鏈。各地方各部門堅持質量第一、效益優先的發展理念，引導行業企業轉變發展方式，多措並舉推動產業質量變革、效率變革、動力變革。推進先進製造業和現代服務業融合發展，增強產業鏈核心競爭力。同時，加大新興產業領域發展的引導和佈局，圍繞新一代人工智能、新一代信息技術、生物技術等培育戰略性新興產業鏈，支持類腦智能、量子信息等前沿科技領域佈局發展。

推動產業鏈綠色化、數字化轉型，提升產業鏈水平。明確工業領域碳達峰行動專項方案，積極落實重點產業能耗、碳強度下降目標。鼓勵應用低碳技術和工藝裝備，構建低碳工業體系。明確高耗能行業重點領域能效標杆水平和基準水平，支持工業回收體系建設。持續推動產業鏈數字化轉型相關工作,發揮數據、信息作為新生產要素的重要作用,通過健全中小企業數字化轉型雲服務平台,支持工業互聯網平台建設等提高重點行業產業鏈供應鏈數字化水平。

加大財政金融支持力度,引導資源向產業鏈集聚。先後設立國家集成電路產業投資基金、國家新興產業引導基金等,引導社會資本投向產業鏈供應鏈提質增效的關鍵領域。大力發展科技信貸,引導科技型中小企業貸款平台建設,打造地方性科技企業市場融資平台,支持創業風險投資發展。對符合條件的首台(套)重大技術裝備保險、專利保險、科技型中小企業履約保證保險等,實施補貼等獎勵和風險分擔政策。

培育產業鏈主體能力,促進大中小企業融通發展。將產業鏈供應鏈主體能力建設作為增強產業鏈供應鏈穩定性和競爭力的重要抓手,重點培育發展以專精特新"小巨人"企業、製造業單項冠軍企業、產業鏈領航企業為代表的優質企業。加強國家科技創新資源對企業的支持和開放,引導企業更深更廣參與到相關項目中,提高產業鏈創新能力。引導企業廣泛參與製造業強鏈補鏈行動,凝聚政府、企業合力,共同保障產業鏈供應鏈安全穩定。通過搭建大企業與中小企業合作平台,促進大企業與中小企業在協作中共同提升。

開展產業鏈供應鏈國際合作,推動共建富有韌性的全球供應鏈。加強產業鏈國際合作,推動境外園區與國內園區協同發展。推進舉辦產業鏈供應鏈韌性與穩定國際論壇,同主要貿易夥伴在海事、航運、郵政等領域形成長效合作機制,共建跨區域的富有韌性的供應鏈。參與多雙邊經貿規則重構,為國際產業鏈供應鏈合作營造了良好的政策和制度環境。

(三)產業鏈供應鏈穩定性和競爭力明顯提升

整體發展水平穩步提高,部分領域具備了全球競爭力。我國在傳統工業領域多已形成完整的產業鏈。比如，紡織服裝產業具有全產業鏈優勢，紡織服裝出口約佔世界 1/3 以上。新能源裝備等部分新興領域競爭優勢正在加速形成。晶硅光伏產業鏈五大核心環節：硅料、晶硅片、晶硅電池、晶硅組件和晶硅光伏發電系統產量均居世界首位。風電產業鏈完整、具備全球競爭力。以稀土行業為代表的原材料工業具備國際競爭力，產業鏈整體優勢突出。採掘和冶煉分離佔據全球領先和主導地位；功能材料生產世界規模最大、在全球市場佔比最高，應用鏈條不斷延長。

　　長板突顯，整機組裝製造能力優勢明顯。我國在多數關係國民經濟命脈重大裝備的整機設計、製造、運行上已經實現了國產化。其中，新能源汽車、光伏、風電整機製造規模位居世界第一；手機、計算機和彩色電視機等產品產量佔全球比重在 70％—90％之間；液晶面板產能、出貨量

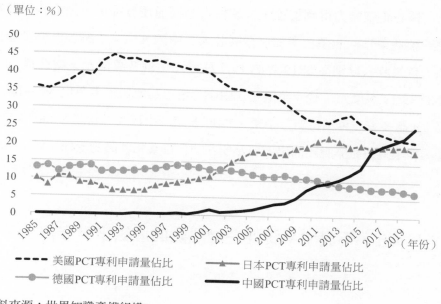

資料來源：世界知識產權組織。

美國、日本、德國、中國 PCT 專利申請數量全球佔比

和銷售額均居全球首位，2020 年液晶面板出貨面積首次達到全球一半以上；主要家電產品產量多數居世界前列，其中空調器、微波爐全球佔比約為 70％—80％，電冰箱／冷櫃、洗衣機比重約為 50％—55％，空調壓縮機比重約為 70％—80％。

創新能力持續加強，部分領域關鍵核心技術突破取得重要進展。過去十年來，我國產業技術創新研發投入、產出水平均獲得較大增長，這也帶動了產業鏈整體技術水平的提高，一些領域技術水平已從跟跑、並跑向領跑轉變。2020 年，我國規模以上工業企業研究與試驗發展機構總數、研發經費支出均比 2012 年翻了一番，有效發明專利申請數增長兩倍多，產業創新能力加快從量的積累向質的飛躍、從點的突破向系統能力提升轉變，2020 年，我國在全球《專利合作條約》（PCT）申請量排名中位居第一位。這都有利推動了鍛長板、補短板進程。

核心企業能力得到加強，為確保安全暢通運行提供了堅實的微觀基礎。製造業骨幹龍頭企業加快發展壯大，中國製造業企業 500 強資產總額、營業收入分別從 2012 年的 19.7 萬億元、21.7 萬億元，增長到 2020 年的 39.19 萬億元、37.4 萬億元。中小企業茁壯成長，專業化水平持續提高，4 萬多家"專精特新"企業、4700 多家"小巨人"企業、800 多家製造業單項冠軍企業脫穎而出，成為所在細分行業和領域的標杆。

五、不發生系統性金融風險的底線牢牢守住

黨的十八大以來，我們切實把維護金融安全作為治國理政的一件大事，堅決打好防範化解重大金融風險攻堅戰，及時、有效地化解了一大批

重大金融風險，守住了不發生系統性金融風險的底線。

（一）把防控金融風險放到更加重要的位置

國際金融危機後，受新舊增長動能轉換、金融化潮流、金融轉型、現代金融監管體系建設滯後等因素影響，金融規模無序過度膨脹、金融風險不斷累積。黨中央審時度勢，提出制定了一系列方針政策。

堅持金融服從服務於經濟社會發展。習近平總書記指出，金融要回歸本源，服從服務於經濟社會發展，強調要切實轉變金融發展理念，將服務實體經濟作為出發點和落腳點，增強服務實體經濟能力；要求解決金融與實體經濟失衡，堅決遏制"脫實向虛"和金融空轉。

堅持在推動高質量發展中防範化解風險。習近平總書記指出，實體經濟健康發展是防範化解風險的基礎，要堅持在推動高質量發展中防範化解風險；強調要處理好穩增長與防風險的關係，注重確保經濟運行在合理區間，在穩增長的基礎上防風險；要通過提升金融服務實體經濟和經濟轉型的能力，推動科技、產業、金融良性循環，在實現更高質量、更有效率、更加公平、更可持續、更為安全的發展中有效防範化解風險。

堅持"穩定大局、統籌協調、分類施策、精準拆彈"方針。穩定大局就是要穩字當頭，把握好政策節奏和力度，維持金融總體穩定和金融功能正常發揮。統籌協調就是要充分發揮國務院金融穩定發展委員會的統籌協調作用，在明確各風險防控主體責任基礎上各盡其職、形成合力。分類施策就是要對不同類型、不同成因、不同危害、不同緊迫性的風險進行分類治理、分類處置。精準拆彈就是要對威脅金融穩定的重點領域風險及時進行精準有效處置，防止發生處置風險的風險。

堅持敢於揭蓋子，既高度警惕"黑天鵝"事件，也嚴格防範"灰犀牛"事件。敢於"揭蓋子"就是要緊緊抓住化解金融風險的時間窗口，敢於亮劍，早發現早處置，避免小事拖大、大事拖炸。高度警惕"黑天鵝"事件，就是要堅持底線思維、增強憂患意識，提前識別、研判、預警潛在風險，制定好應對預案。防範"灰犀牛"事件就是要增強同風險賽跑的意識，使風險應對走在市場曲線前面，有效化解長期威脅金融穩定的重大隱患。

完善金融監管體制，彌補監管制度短板。成立國務院金融委，強化其在金融穩定改革發展中的統籌協調作用。進一步明晰中央金融管理部門職責分工，強化人民銀行宏觀審慎管理和系統性風險防範職責，合併組建銀保監會。完善金融法治，補齊監管制度短板。針對違法違規成本過低、缺乏法律依據等問題，修訂實施《證券法》、通過實施《刑法修正案（十一）》、出台實施《防範和處置非法集資條例》。健全宏觀審慎政策框架，出台《關於完善系統重要性金融機構監管的指導意見》《宏觀審慎政策指引（試行）》等，同時加強微觀審慎監管。

（二）防範化解金融風險效果明顯

經濟去槓桿取得積極成效。堅持處理好穩增長、調結構、控總量的關係，管好貨幣總閘門，確保貨幣信貸增速與名義 GDP 增速基本匹配。堅持結構性去槓桿基本思路，將企業部門特別是國有企業去槓桿作為重中之重，推動市場化債轉股，推動國有企業資產負債率下降。2020 年末，市場化債轉股累計投資規模超過 1.6 萬億元。2017—2019 年，我國宏觀槓桿率年均上升 3.7 個百分點，較 2009—2016 年年均增幅低 10.4 個百分點。

影子銀行風險有效化解。通過以"資管新規"及其配套細則為抓手，統一監管標準，加強穿透式監管和功能監管，推動資管類影子銀行規範化、去嵌套、去槓桿，打破剛性兌付、推動資管業務回歸"賣者盡責、買者自負"本源，設定並適度調整延長資管新規過渡期等舉措，影子銀行風險持續收斂。2020年末，影子銀行規模較歷史峰值已下降約20萬億元。2021年末，保本理財、不合規短期理財產品已實現清零，絕大部分銀行、特別是中小銀行已按時完成整改工作；信託通道業務大幅壓降，不合規信託項目累計壓降超80%。

金融控股集團風險有序化解。通過行政接管、提供流動性支持、引入行業風險救助基金和戰略投資者、新設主體承接等方式，"安邦系"、"華信系"風險處置基本完成，"明天系"風險處置正在順利推進。

互聯網金融及非法集資風險有效處置。通過推動互聯網金融風險專項整治、強化大型金融科技公司監管、規範互聯網貸款和商業銀行第三方互聯網平台存款業務等舉措，互聯網金融風險已得到有效化解。作為非法集資重點風險領域的P2P網貸機構已經全部停業，互聯網資產管理、股權眾籌、互聯網保險、虛擬貨幣交易、互聯網外匯交易等領域整治工作已經基本完成。

債券違約風險處置機制不斷完善。通過統一債券違約處置和信息披露規則，壓實發行人、受託管理人、其他中介機構、金融管理部門、地方政府責任，強化債券存續期信用風險管理，引導設立民營企業債券融資支持工具和紓困專項債，推出到期違約債券轉讓機制等舉措，市場化法治化債券違約處置機制不斷完善，債券市場運行穩定，市場韌性明顯增強。

股票質押融資風險有序化解。通過設立專項基金、專項資管計劃、發行紓困債等市場化手段進行紓困，開展大股東股權質押壓力測試、逐步收緊股票質押融資規模等方式，股票質押融資風險得到有序處置。2021年末，股票質押比例超過30%的上市公司數已經降至243家，較2018年末減少529家。

地方政府隱性債務膨脹得到遏制。堅持"開正門"、"堵邪門"原則，通過建立健全地方政府隱性債務問責機制，推動財政、國資、金融等部門形成政策合力，加快地方政府融資平台公司市場化轉型，開展債務置換等債務重組，推進全域無隱性債務試點等舉措，地方政府隱性債務快速膨脹勢頭已得到有效遏制。

中小金融機構風險有序釋放。一是推動包商銀行、恒豐銀行、錦州銀行等重點中小金融機構的風險處置。二是支持中小銀行多渠道補充資本，允許地方政府發行專項債補充中小銀行資本。三是重視發揮存款保險早期糾正和風險處置平台作用。2020 年末，高風險中小金融機構 422 家，較 2018 年末減少 165 家。

房地產領域風險逐步化解。通過建立 "三條紅線"、房地產貸款集中度管理等制度，引導房地產企業去槓桿和居民部門控槓桿，避免房企債務風險和居民部門槓桿率進一步累積。目前，房地產領域風險防控已取得積極成效，打破了房企 "大而不能倒" 預期、改變了居民房價只漲不跌預期，金融房地產化和房地產金融化得到遏制。

六、更高水平的平安中國日益成為現實

習近平總書記高度重視人民群眾生命健康安全，在不同場合多次強調保障人民生命安全的重要性，提出人民安全是國家安全的基石。黨的十八大以來，面對複雜嚴峻的社會安全形勢，黨中央國務院始終堅持人民至上生命至上，不斷強化底線思維、增強風險意識，全力做好社會穩定和安全相關工作，人民安全感持續提升。

（一）平安中國建設全面推進

堅持人民至上、生命至上。生命重於泰山。習近平總書記指出，"在保護人民生命安全面前，我們必須不惜一切代價，我們也能夠做到不惜一切代價"。在新冠肺炎疫情發生後，中央果斷關閉離漢離鄂通道，實施史無前例的嚴格管控，在全國範圍調集資源，不遺漏一個感染者，不放棄每一位病患，展現出了巨大的政治勇氣和果敢的歷史擔當，生動詮釋了中國共產黨執政為民的理念。

強化依法治理。維護社會安全須靠法治保障。習近平總書記指出要"從立法、執法、司法、守法各環節發力，切實推進依法防控、科學防控、聯防聯控"；強調要"善於運用法治思維和法治方式解決涉及群眾切身利益的矛盾和問題"，"要旗幟鮮明支持司法機關依法獨立行使職權，絕不容許利用職權干預司法、插手案件"。

推動治理重心下移。基礎不牢，地動山搖。習近平總書記指出，"要樹立大抓基層、大抓基礎的導向，推動重心下移、警力下沉、保障下傾，增強基層實力、激發基層活力、提升基層戰鬥力""要把基層一線作為公共安全的主戰場"。遵循治理重心下移的思路，中央提出構建黨組織領導的共建共治共享的城鄉基層治理格局，構建網格化管理服務平台，更好解決群眾操心事煩心事揪心事，切實把矛盾化解在基層。

注重風險源頭管控。公平正義是社會穩定的基礎。習近平總書記強調，"規範權力運行，把嚴格規範公正文明執法落到實處，不斷提高執法司法公信力，努力讓人民群眾在每一起案件辦理、每一件事情處理中都能感受到公平正義"；要"加強風險研判，加強源頭治理，努力將矛盾糾紛化解在基層、化解在萌芽狀態，避免小問題拖成大問題，避免一般性問題演變成信訪突出問題"。

（二）社會安全水平明顯提高

在全球率先控制住疫情並恢復經濟社會發展。2020 年初，突如其來的新冠肺炎疫情對我國經濟社會發展帶來前所未有的衝擊。面對嚴峻形勢，黨中央果斷決策、沉著應對，堅持人民至上、生命至上，及時部署了武漢保衛戰、湖北保衛戰，各地區各部門按照黨中央部署積極貫徹落實，帶領廣大人民群眾開展了抗擊疫情的總體戰、阻擊戰，著力"外防輸入、內防反彈"，統籌推進疫情防控和經濟社會發展，在全球率先控制住疫情、率先復工復產、率先實現經濟正增長。

安全生產領域風險明顯減少。全國生產安全事故死亡人數從本世紀初最高峰時的 14 萬人下降到 2020 年的 2.71 萬人，重特大事故數量從本

2011—2020 年我國公安機關受理和查處的治安案件數

世紀初的 140 起下降到 16 起，安全生產形勢持續穩定好轉。2018—2020年，各類生產安全事故起數和死亡人數比國家應急管理部組建前三年分別下降了 26.9%、27.6%，其中重大事故下降 41.9%、39.7%，特別重大事故下降 66.7%、77.1%。

社會治安狀況處於歷史最好水平。我國社會治安形勢持續好轉，成為世界上最為安全的國家之一，人民群眾的安全感持續上升。治安案件數逐年下降，其中公安機關受理的治安案件數從 2011 年的 1317 萬件下降至 2020 年的 863 萬件，公安機關查處的治安案件數從 2011 年的 1256 萬件下降到 2020 年的 772 萬件，每萬人口受理的治安案件數從 2011 年的 97 件下降到 2020 年的 61 件。我國公安機關立案的刑事案件自 2015 年起連續五年逐年下降，命案數自 2011 年以來一直在下降，我國每 10 萬人命案為 0.56 起，是命案發案率最低的國家之一。

社會矛盾總量呈現穩中有降趨勢。得益於社會矛盾糾紛多元預防調處化解綜合機制的健全，我國社會矛盾總量已穩中趨降，出現了歷史性的拐點。我國調解的民間糾紛在 2018 年達到 953 萬件後開始下降，2020 年為 820 萬件。2011 年以來，我國人民法院審理一審案件收案數整體呈增長趨勢，但 2020 年首次出現了下降；民事一審案件收件數也在 2020 年出現了下降。

第八章

改革：

全面深化改革取得重大突破

　　黨的十八大以來，黨中央以前所未有的決心和力度衝破思想觀念的束縛，突破利益固化的藩籬，堅決破除各方面體制機制弊端，積極應對外部環境變化帶來的風險挑戰，開啟了氣勢如虹、波瀾壯闊的改革進程。習近平總書記親自掛帥，在新的歷史關頭為全面深化改革掌舵領航。在以習近平同志為核心的黨中央領導下，全面深化改革取得了非凡的歷史性成就。習近平總書記指出，全面深化改革是一場思想理論的深刻變革，是一場改革組織方式的深刻變革，是一場國家制度和治理體系的深刻變革，是一場人民廣泛參與的深刻變革。

一、全面深化改革取得一系列重大突破

　　黨的十八屆三中全會確立了全面深化改革的目標任務。在習近平總書記親自領導指揮和推動下，全面深化改革取得一系列重大突破，許多領域實現歷史性變革、系統性重塑、整體性重構，各領域基礎性制度框架基本確立，為推動形成系統完備、科學規範、運行有效的制度體系，使各方面制度更加成熟更加定型奠定了堅實基礎。

（一）經濟運行的基礎性制度進一步夯實

　　市場順暢運行需要一些基礎性制度作保障，這些制度包括基本經濟制度、產權保護機制、價格形成機制等。黨的十八大以來，我國社會主義基本經濟制度更加成熟、更加定型，立法、執法、司法全方位產權保護法治體系初步形成，價格形成機制取得突破性進展。

　　堅持"兩個毫不動搖"，以公有制為主體、多種所有制經濟共同發展的基本經濟制度進一步完善。毫不動搖鞏固和發展公有制經濟。形成新時代國企改革的頂層設計、四樑八柱和"1＋N"政策體系，出台國企改革三年行動方案，頒佈關於國資管理體制、國有資本授權經營、發展混合所有制經濟等政策文件。國資國企體制機制改革實現重大突破，國有資本佈局結構調整取得重大進展，國有資本配置效率和整體功能顯著增強。建立中國特色現代企業制度，公司制改制全面完成，董事會建設、經理層成員任期制和契約化管理、職業經理人制度、中長期激勵等市場化經營機制加快建立健全。混合所有制改革更加積極穩妥，形成層級較為齊全、覆蓋各環節的混改配套政策。以管資本為主的國有資產監管體制逐步完善，構建業務監督、綜合監督、責任追究三位一體的監督工作閉環。毫不動搖鼓

勵、支持、引導非公有制經濟發展。出台《關於營造企業家健康成長環境
弘揚優秀企業家精神更好發揮企業家作用的意見》《關於營造更好發展環
境　支持民營企業改革發展的意見》等文件，為非公有制經濟發展創造了
更加寬鬆和公平的營商環境。構建親清政商關係，在市場准入、減稅降
費、金融服務、融資紓困等方面出台一系列有利於小微企業和民營經濟發
展的政策措施。

　　立法、執法、司法全方位產權保護法治體系初步形成。發佈《關於完
善產權保護制度依法保護產權的意見》，明確要求平等保護各種所有制經
濟財產權，甄別糾正涉產權冤錯案件取得重要突破，涉政府產權糾紛問題
專項治理行動深入推進。

　　價格形成機制取得突破性進展，商品和服務市場改革持續深化。發佈
《關於推進價格機制改革的若干意見》《關於進一步深化電力體制改革的若
干意見》等文件，主要由市場決定價格的機制基本完善，目前97％以上
的商品和服務價格已由市場形成。推進政府定價項目清單化，以“准許成
本＋合理收益”為核心的科學定價制度不斷完善。重點領域價格改革取得
新突破，完成兩輪輸配電價改革，燃煤發電上網電價機制改革、天然氣門
站價格改革等順利出台，鐵路運價機制進一步完善。醫療、教育、運輸等
領域服務價格改革有序推進，大幅縮減政府收費項目。

（二）要素市場化配置改革全面展開

　　市場體系是由商品及服務市場和土地、勞動力、資本、技術、數據等
要素市場構成的有機整體。為推進要素市場制度建設，出台了《關於構建
更加完善的要素市場化配置體制機制的意見》《要素市場化配置綜合改革
試點總體方案》，推出了多項實質性改革措施，基本實現要素價格市場決
定、流動自主有序、配置高效公平。

推進土地要素市場化配置，著力增強土地管理靈活性。加快構建城鄉統一的建設用地市場，加快確立農村集體經營性建設用地入市制度。將永久性基本農田以外農用地轉為建設用地審批事項授權省級政府批准。以真實有效的項目落地作為配置計劃土地要素指標的依據，完善增量安排與消化存量掛鈎機制。落實宅基地集體所有權，保障農戶資格權和農民房屋財產權，適度放活使用權。

提高勞動力市場化配置水平，著力引導勞動力合理暢通有序流動。深化戶籍制度改革，暢通落戶渠道，推動超大、特大城市調整完善積分落戶政策，探索推動在長三角、珠三角等城市群率先實現戶籍准入年限同城化累計互認，試行以經常居住地登記戶口制度。完善技術技能評價制度，以職業能力為核心制定職業標準，進一步打破戶籍、地域、身份、檔案、人事關係等制約，暢通非公有制經濟組織、社會組織、自由職業、專業技術人員職稱申報渠道，京津冀、粵港澳、長三角等區域探索推出人才職業資格、職稱、繼續教育學時等跨域互認與共享辦法。推動國際人才引進，允許具有境外職業資格的金融、建築、規劃、設計等領域符合條件的專業人才經備案後，可在自貿試驗區內提供服務。

著力構建多層次的資本市場制度，發揮好資本市場資源配置的樞紐作用。完善資本市場基礎性制度，利率市場化改革成效顯著，匯率形成機制的市場化程度明顯增強，設立科創板、改革創業板並試點註冊制，再融資規則優化。形成制度多元、功能互補的多層次資本市場體系，支持中小企業創新發展，深化新三板改革，設立北京證券交易所。打通銀行間與交易所債券市場相關基礎設施，實現投資者 "一點接入" 購買全市場債券，促進債券市場自由高效順暢運轉。推動完善投資者保護制度，建立健全具有中國特色的證券民事訴訟制度。

著力激發技術供給活力，促進科技成果轉化。開展賦予科研人員職務科技成果所有權或長期使用權。培育發展技術轉移機構與人才，全國範圍內建設十多家國家技術轉移區域中心，40 餘家技術交易市場，450 多家國家技術轉移機構，30 餘家技術轉移人才培養基地，促進技術轉移市場與能力建設。促進技術與資本對接，設立創業投資子基金支持科技成果轉化，鼓勵商業銀行採用知識產權質押、預期收益質押等融資方式，深入推進首台（套）重大技術裝備保險補償機制、新材料首批次應用保險試點工作。

著力加快培育數據要素市場。出台《數據安全法》《個人信息保護法》等，不斷推進數據分類分級管理和數據採集標準化，研究制定網上購物、人臉識別等個人信息保護國家標準。加強數據資源整合與保護，建設國家公共數據開放平台。推進政府數據開放共享，制定出台新一批數據共享責任清單。提升社會數據資源價值，培育數字經濟新產業、新業態和新模式。

（三）國家經濟治理體系和治理能力現代化水平不斷提升

國家治理體系和治理能力是一個國家制度和制度執行能力的集中體現。具體到經濟領域，主要包括市場監管制度完善、政府能力提升、宏觀調控機制優化等方面。黨的十八大以來，構建成熟市場監管體系和有為、高效政府建設邁出堅實步伐，宏觀調控機制加快優化。

市場監管制度進一步完善。在強化反壟斷和防止資本無序擴張、市場競爭、消費者權益保護、電子商務等領域，制定和修訂多項基礎性法律法規。監管執法透明度、公正性明顯增強。組建國家市場監督管理總局、國家反壟斷局，不斷優化市場監管職能分工。"全國一張清單"管理得到鞏固和維護，市場准入負面清單制度的統一性、嚴肅性、權威性不斷增強。從 2018 年 12 月我國正式發佈全國統一的市場准入負面清單以來，經過三輪修訂，2020 年版清單與 2018 年版清單相比，事項數量縮減比例達到 18％。強化競爭政策的基礎性地位，對公平競爭審查制度中的審查機制、審查標準、監督與責任等進行了全面系統的規定。

有為、高效政府建設取得顯著進展。政府組織結構更加合理。《中共中央關於深化黨和國家機構改革的決定》和《深化黨和國家機構改革方案》，理順黨和國家機構部門職責關係，推動治理能力再上新台階。持續深化簡政放權、放管結合、優化服務，推進行政體制改革轉職能提效能。截至 2020 年 9 月底，國務院分 16 批取消下放 1094 項行政許可事項，其中國務院部門實施的行政許可事項清單壓減比例達到 47％，非行政許可審批徹底終結，中央政府層面核准企業投資項目削減 90％以上。全面推行清單制度，各地相繼建立權力清單、責任清單和負面清單。大力強化事中事後監管，實行"雙隨機、一公開"監管模式。積極改進政務服務，不斷推進"一網、一門、一次"和"互聯網＋政務服務"改革，優化服務流程，簡化辦事手續，縮短辦理時限，規範了行政審批權力的行使。商事制度改革全面推開，頒佈《優化營商環境條例》，市場主體保護、市場環境建設、政務服務、監管執法、法治保障等明顯改善，營商環境全球排名大幅提升。形成以國家發展規劃為戰略導向，以財政政策、貨幣政策和就業優先政策為主要手段，投資、消費、產業、區域等政策協同發力的、具有中國特色、適應當代經濟運行要求的宏觀調控制度體系。創新宏觀調控方式，跨周期和逆周期宏觀調控政策有機結合，區間調控、定向調控、精準調控、相機調控方法綜合運用。

現代財稅制度建設步伐加快。建立並完善現代預算管理制度。出台《中華人民共和國預算法》（最新修正版）及其實施條例，形成由"四本賬"構成的複式預算體系，基本實現預算全口徑管理，預算績效管理全面實施。引入權責發生制的政府會計制度、深化部門預算改革、加強財政審計、加大預算公開力度、試行跨周期預算，加強預算全過程管理。建立規範的地方政府舉債融資管理機制，形成完整的“閉環”管理體系。現代稅收制度建設取得重大進展。營業稅改徵增值稅全面推開，綜合與分類相結合的個人所得稅制初步建立。頒佈實行《中華人民共和國環境保護稅法》《中華人民共和國資源稅法》，開徵環境保護稅，全面推行礦產資源稅從價計徵改革。稅收法定進程加快，18 個大類稅種中已有 12 個稅種立法。中央與地方財政關係明顯優化。事權和支出責任劃分改革穩步推進，教育、醫療衛生、科技、交通、文化等領域的事權與支出責任劃分方案相繼出台。收入劃分方面，“營改增”之後，將增值稅的中央地方分享比例從 75:25 調整為五五分成，同時後移消費稅的徵收環節，逐漸將其改造為中央地方共享稅。改革和完善中央對地方轉移支付制度，增加一般性轉移支付規模和比例。2014 年一般轉移支付比例為 60％，2019 年這一比例達到 90％。專項轉移支付項目個數從 2013 年的 220 個壓減到目前的 21 個。建立常態化財政資金直達機制並擴大範圍，為市縣基層惠企利民提供財力支持。

　　金融體制改革成果顯著。金融市場體系不斷完善。已形成覆蓋銀行、證券、保險、基金、期貨等領域，種類齊全、競爭充分的金融機構體系。金融業雙向開放取得新進展。金融業准入負面清單清零，徹底取消銀行、證券、基金管理、期貨、人身險領域的外資持股比例限制，大幅擴大外資金融機構業務範圍，降低資產規模、經營年限以及股東資質等方面的限制。人民幣資本項目可兌換程度穩步提升，全面取消合格境外機構投資者（QFII）和人民幣合格境外機構投資者（RQFII）投資額度限制，放寬境外機構投資者本外幣匯出比例限制，資本市場互聯互通渠道確立並不斷擴大。人民幣國際化取得重大進展。金融風險預防、預警、處置、問責制度體系建立健全。成立國務院金融穩定發展委員會，合併組建銀保監會。完善宏觀審慎管理體系,加強對系統重要性金融機構、金融控股公司與金融基礎設施統籌監管。建立權威高效的重大金融風險應急處置機制,完善存款保險制度。嚴肅市場紀律,對重大金融風險形成進行問責,金融機構、地方政府、金融監管部門要依法承擔責任。

(四)民生領域改革不斷深化

全面深化改革的成果最終都會體現在民生領域。黨的十八大以來,社會保障、就業、教育、健康、社會治理等領域的體制機制不斷完善健全,顯著提高了人民群眾的獲得感、幸福感、安全感。

社會保障制度的公平性可持續性明顯提高。統一城鄉居民基本養老保險制度,實現機關事業單位和企業養老保險制度併軌,建立企業職工基本養老保險基金中央調劑制度。整合城鄉居民基本醫療保險制度,全面實施城鄉居民大病保險,組建國家醫療保障局、國家疾病預防控制局。推進全民參保計劃,降低社會保險費率,劃轉部分國有資本充實社保基金。積極發展養老、託幼、助殘等福利事業,人民群眾不分城鄉、地域、性別、職業,在面對年老、疾病、失業、工傷、殘疾、貧困等風險時都有了相應制度保障。目前,我國以社會保險為主體,包括社會救助、社會福利、社會優撫等制度在內,功能完備的、世界上規模最大的社會保障體系基本建成,基本醫療保險覆蓋 13.6 億人,基本養老保險覆蓋近 10 億人。

就業優先戰略和更加積極的就業政策不斷強化。重點群體就業工作扎實推進。不斷拓展高校畢業生就業渠道,積極鼓勵畢業生到國家重大工程、重大項目、重要領域就業,重點加大基礎教育、基層醫療、社區服務等領域招錄。加大政策傾斜,鼓勵更多應屆畢業生參軍入伍。實施好大學生村官、三支一扶、西部計劃等基層就業的各類項目,鼓勵更多高校畢業生面向基層就業。促進農民工就業,支持和扶助農民工創業。出台優惠政策，鼓勵中小微企業吸納大學生、農民工就業。勞動保障權益維護穩步推進。退役軍人就業保障工作成效明顯，安置制度不斷健全。勞動人事爭議多元處理格局基本形成，調解仲裁制度機制逐步健全，根治欠薪取得積極進展，勞動關係更加和諧。

教育質量不斷提升，公益屬性不斷增強。高質量教育體系不斷健全。建立健全以縱向貫通、橫向融通為核心的現代職業教育體系。推進高等教育提質創新發展，"雙一流"建設深入推進。深化校外培訓機構治理。推動城鄉義務教育一體化發展，推動普通高中多樣化有特色發展，推動鞏固拓展教育脫貧攻堅成果同鄉村振興有效銜接。提升繼續教育優質資源服務全民終身學習水平。推進高水平教育對外開放。印發《深化新時代教育評價改革總體方案》，明確"破五唯"，即唯分數、唯升學、唯文憑、唯論文、唯帽子，解決教育評價指揮棒的頑瘴痼疾。深化考試招生制度改革，推進民辦教育規範發展。

健康中國建設駛上"快車道"。維護人民健康的制度體系更加成熟完善。出台《基本醫療衛生與健康促進法》《"健康中國 2030"規劃綱要》，健康中國建設的頂層設計基本完成。強化突發公共衛生事件監測預警和處置應對，創新醫防協同機制，不斷提高疾病預防控制專業能力，加強重大疫情救治體系建設，築牢織密公共衛生防護網。醫改持續向縱深推進。分級診療、現代醫院管理、全民醫保、藥品供應保障、綜合監管等制度不斷完善。中國特色服務全民的基本醫療衛生制度框架基本建立，覆蓋城鄉的醫療衛生服務三級網不斷健全。一批國家區域醫療中心、高水平重點專科得到扶持發展，84％的縣級醫院達到二級及以上醫院水平，遠程醫療協作網覆蓋所有地級市和所有貧困縣，基本公共衛生服務均等化水平不斷提高。

社會治理持續加強和創新。政府治理和社會調節、居民自治實現良性互動。加強社區治理體系建設，推動社會治理重心向基層下移，基層 "自治、德治、法治" 三治結合作用有效發揮。發揮社會組織作用。公正高效化解矛盾糾紛，群眾利益表達、協調機制更加健全。調解、仲裁、行政裁決、行政復議、訴訟等有機銜接、相互協調的多元化糾紛解決機制更加完善。提高全社會誠信水平。全國建立信息披露和誠信檔案制度，加快完善各類市場主體和社會成員信用記錄。加強部門、行業和地方信用信息整合，建立企業信用信息歸集機制，完善全國信用信息共享平台，建設國家企業信用信息公示系統。依法推進全社會信用信息資源開放共享。依法推進信用信息在採集、共享、使用、公開等環節的分類管理，加強涉及個人隱私和商業秘密的信用信息保護。健全公共安全體系。責任全覆蓋、管理全方位、監管全過程的安全生產綜合治理體系加快建立，安全生產長效機制不斷完善。與公共安全風險相匹配、覆蓋應急管理全過程和全社會共同參與的突發事件應急體系加快建設。應急基礎能力建設不斷加強，重大危險源、重要基礎設施的風險管控體系健全完善，突發事件預警發佈和應急響應能力不斷增強，基層應急管理水平得到有效提升。

（五）落實新發展理念制度保障更為有力

　　黨的十八屆五中全會確立了創新、協調、綠色、開放、共享的新發展理念，全面深化改革為落實新發展理念提供堅強有力的制度保障。

　　科技體制改革為創新提供有力支撐。整合國家科技力量體系。關鍵核心技術攻關的高效組織體系建立健全，首批國家實驗室掛牌組建，國家重點實驗室體系加快優化重組，已佈局建設 57 個重大科技基礎設施，國家重大科技基礎設施 "創新利器" 作用進一步發揮。整合中央財政科技資源，優化管理效率。全面改革中央財政科技計劃和項目管理體系，整合各部委分散管理的約 100 項科專項，形成國家重點研發計劃和國家科技重大專項等 5 大計劃，對關鍵科技領域展開協同攻關。科技成果轉移轉化體系建設取得重要突破。科技成果轉化政策法規體系進一步完善，《促進科技成果轉化法》《實施〈促進科技成果轉化法〉若干規定》《促進科技成果轉移轉化行動方案》構成從法律保障、配套細則到具體操作方案的完整體系。取消國有科研機構成果轉化的審批和備案制度，進一步消除成果轉化障礙。激勵科技創新政策環境不斷完善。大數據、電子商務等新興領域一系列政策措施陸續出台。技術創新的市場導向機制基本形成，企業在組織實施國家重大專項等活動中的作用愈發突出。支持企業創新的普惠性稅收優惠政策覆蓋面不斷拓展、優惠力度不斷加大，金融支持創新的模式不斷創新。完善科技人才培養、使用、評價、服務、支持、激勵等體制機制，加快建設國家戰略人才力量，在履行國家使命中成就人才、激發市場主體活力。

城鄉融合發展的體制機制框架已經確立。適應城鄉融合發展的戶籍制度架構基本建成。城鄉統一的戶口登記制度全面建立，差異化的戶口遷移政策不斷完善，以居住證為載體的基本公共服務提供機制基本建立。農村土地制度改革取得突破。正式確立農村承包地“三權分置”制度，明確農村宅基地“三權分置”改革方向，進一步完善土地管理的相關法律法規。農村承包地確權登記頒證目前已基本完成。在總結改革試點經驗的基礎上，修訂《土地承包法》《土地管理法》等法律。城鄉公共資源配置機制更加合理，城鄉基礎設施一體化水平明顯提高。塑造新型城鄉關係邁出新步伐。2019 年中共中央、國務院印發《關於建立健全城鄉融合發展體制機制和政策體系的意見》。

區域協調發展新機制基本形成。加強黨對區域經濟的領導。成立京津冀協同發展領導小組、長三角一體化發展領導小組、粵港澳大灣區建設領導小組、黃河流域生態保護和高質量發展領導小組等，繼續發揮西部地區開發領導小組和振興東北地區等老工業基地領導小組的統籌作用。形成更完善的區域協調發展戰略體系。適時推出並深入實施京津冀協同發展、長江經濟帶發展、粵港澳大灣區建設、長三角一體化發展、黃河流域生態保護和高質量發展等區域重大戰略，扎實推動西部大開發、東北振興、中部崛起、東部率先等區域協調發展戰略。促進城鄉區域間要素自由流動，推動全國市場一體化建設，完善區域交易平台和制度，建立區域均衡的財政轉移支付制度，加強區域政策與財政、貨幣、投資等政策的協調配合，完善多元化橫向生態補償機制，深化區域合作機制。

生態文明建設制度體系加快形成。自然資源資產產權制度和國土空間用途管制制度建立健全。全民所有自然資源資產所有者職責、國土空間用途管制和生態保護修復職責逐步實現統一行使。國土空間開發保護制度和國土空間規劃體系建設取得重要進展。生態保護紅線劃定工作取得重要進展。自然資源有償使用制度和生態補償制度不斷完善。礦產資源國家權益金制度開始實施，資源稅"從價計徵"改革穩步推進。重點生態功能區生態補償機制持續完善。落實生態環境領域相關改革舉措，構建源頭預防、過程控制、損害賠償、責任追究的生態環境保護體系。基本形成黨委領導、政府主導、企業主體、社會組織和公眾共同參與的現代環境治理體系。碳達峰碳中和工作統籌有序開展。加快構建碳達峰碳中和"1＋N"政策體系，扎實推進"碳達峰十大行動"，積極參與全球環境與氣候治理。

更高水平開放型經濟新體制的總體框架基本形成。實行更高水平對外開放。探索跨境投資管理新體制，促進雙向投資大幅提升。全面實施"准入前國民待遇＋負面清單"外商投資管理新體制，大幅放寬市場准入。自貿試驗區負面清單從 190 條壓縮到 30 條，全國外資准入負面清單從 45 條縮減至 33 條。實施"備案核准為輔"的對外投資新監管模式。對外投資便利化大幅提升。構建外貿可持續發展新機制，大幅提升便利化水平。全面建成國際貿易"單一商口"並覆蓋全國所有口岸，積極對標國際最高標準，探索建立更加自由便利的貿易監管制度，積極構建適應貿易轉型升級的管理模式。基本形成陸海內外聯動、東西雙向互濟、試點平台多點佈局、區域發展協同推進的全方位開放新格局。設立 21 個自貿試驗區和海南自貿港。服務貿易創新試點已覆蓋 28 個省、市（區域）。沿邊重點開發開放試驗區增至 6 個。開拓合作共贏新局面。積極維護和拓展我國外部發展空間，在全球經濟治理中的參與度和制度性話語權有所提升。推動 WTO 達成首個多邊協定《貿易便利化協定》，實現諸邊《信息技術協定》擴圍。推進 IMF 等國際機構和國際經濟治理體系的改革完善。探索"金磚＋"合作模式，彌補全球治理"南方"短板。促進聯合國通過決議，使共商共建共享成為全球治理的重要理念。

　　體現社會主義本質要求的收入分配制度日趨完善。初次分配、再分配、三次分配協調配套的基礎性制度安排初步構建。堅持和完善按勞分配為主體、多種分配方式並存的收入分配制度，努力讓一切勞動、知識、技術、管理、資本的活力競相迸發，讓一切創造社會財富的源泉充分湧流，讓發展成果更多更公平惠及全體人民。在初次分配中，充分發揮市場的決定性作用，切實加強對勞動者權益的保護。通過要素市場體系的建立健全，效率原則在初次分配中得到體現。再分配制度體系建設取得巨大成就。個人所得稅制度、社會保障體系和社會救助制度等都取得了長足發展。在三次分配上，法律制度和組織機構建設也取得長足進展。紅十字會法、公益事業捐贈法和慈善法等法律法規制定頒佈，紅十字會和中華慈善總會等社會組織也在健康發展。

二、全面深化改革為現代化提供強大動力和根本保障

適應世界百年未有之大變局，完成中華民族偉大復興的歷史任務，需要為我國現代化注入源源不斷的動力，需要確保社會主義現代化的航船沿著正確的方向前行。全面深化改革既為發展提供了動力支撐，也確保了我們始終堅持和發展中國特色社會主義，既不走封閉僵化的老路，也不走改旗易幟的邪路。

（一）為社會主義現代化建設提供了強大動力

全面深化改革為社會主義初級階段生產力發展奠定了基本經濟制度。縱覽國內外歷史，只有適應現實生產力發展水平的經濟制度才能解放生產力、發展生產力。基本經濟制度就是生產關係在制度上的表現，具有長期性和穩定性，對經濟制度屬性和經濟發展方式具有決定性影響。基本經濟制度由社會生產力的水平所決定，又反作用於社會生產力。不可否認的是，對於社會主義基本經濟制度的認識，經歷了一個螺旋形上升的過程。在經濟建設歷程中，曾不顧社會生產力發展的實際，盲目搞"一大二公三純"，付出過慘痛代價。改革開放以來，為進一步解放和發展生產力，實現社會主義的共同富裕，我們黨把馬克思主義基本原理和中國具體實際相結合，立足於我國長期處於社會主義初級階段的基本國情，不斷探索建立與社會生產力發展要求相契合的基本經濟制度，創造性提出社會主義市場經濟，既發揮市場經濟的效率優勢，也彰顯社會主義的制度優勢。黨的十九屆四中全會首次將按勞分配為主體、多種分配方式並存和社會主義市場經濟體制納入我國社會主義基本經濟制度，提出公有制為主體、多種所有制經濟共同發展，按勞分配為主體、多種分配方式並存，社會主義市場

經濟體制等社會主義基本經濟制度。至此，社會主義基本經濟制度三要件構成論，即"公有制為主體、多種所有制經濟共同發展""按勞分配為主體、多種分配方式並存""社會主義市場經濟體制"基本形成，標誌著我國社會主義基本經濟制度更加成熟、更加定型，也充分體現了社會主義基本經濟制度的不斷完善。對此，習近平總書記指出："在社會主義條件下發展市場經濟，是我們黨的一個偉大創舉。我國經濟發展獲得巨大成功的一個關鍵因素，就是我們既發揮了市場經濟的長處，又發揮了社會主義制度的優越性。"

全面深化改革為推動我國經濟高質量發展探明了政府與市場更好結合的有效路徑。經濟體制改革是全面深化改革的重點，核心問題是處理好政府和市場的關係。放眼全球，如何讓"看不見的手"和"看得見的手"發揮協同效應，不僅是一道世界級經濟學難題，更是一道考驗各國政府執政能力的政治學難題。通過多年的改革實踐，我們黨在構建更高水平的有效市場的同時，不斷探索構建更高水平的有為政府，既要克服市場的盲目性，也不能走計劃經濟的老路，而是要充分發揮有效市場和有為政府相結合的強大效力。黨的十八大以來，黨中央堅持社會主義市場經濟改革方向，從廣度和深度上推進市場化改革，減少政府對資源的直接配置，減少政府對微觀經濟活動的直接干預。黨的十八屆三中全會全新定位了市場在資源配置中的作用，提出要使市場在資源配置中起決定性作用和更好發揮政府作用。將以往的"基礎性作用"改為"決定性作用"，不僅是認識上的新突破，而且將在現代化的實踐中更好地起到推動高質量發展的作用。

全面深化改革推動了供需在更高水平上的平衡。通常情況下，供給和需求的相互關係存在適配和錯配兩種狀況。在供求適配的狀況下，只要市場機制充分有效，需求的擴大就會牽引供給增加，推動經濟持續穩定增長。而在供求錯配的狀況下，供求矛盾更多體現為結構問題。具體到我國，隨著經濟發展進入新階段，發展要求和發展條件都出現重大變化。一方面，伴隨居民收入不斷提高，人們的需求不斷擴大、升級並且日益呈現多樣性、個性化特徵，對產品質量、優美環境的要求顯著增強。另一方面，伴隨我國勞動力供求出現轉折性變化，資源環境負荷接近承載力上限，產業結構轉型升級的壓力也不斷加大，我國經濟運行面臨著越來越突出的結構性矛盾，供給成為供求矛盾的主要方面，擴大內需的核心要義是加快供給側結構性改革，迅速增加適應居民消費升級的新供給。《中華人民共和國國民經濟和社會發展第十四個五年規劃和 2035 年遠景目標綱要》提出，要 "堅持擴大內需這個戰略基點，加快培育完整內需體系，把實施擴大內需戰略同深化供給側結構性改革有機結合起來"。以供給側結構性改革為主線，推動需求側管理與供給側結構性改革的有效協同，以改革的辦法推動結構調整，通過不斷提高供給體系質量，需求側和供給側兩端綜合發力，加快形成一種供給與需求在新的發展基礎上實現動態平衡的經濟運行機制。這無疑是理論和實踐的重大創新，不同於西方以減稅為主要著力點的供給學派，其主攻方向是提高供給質量，就是要減少無效和低端供給，擴大有效和中高端供給，增強供給結構對需求變化的適應性。其根本途徑就是通過深化改革，淘汰落後，鼓勵創新，調整存量，做優增量。其最終目標就是要不斷滿足人民日益增長、不斷升級和個性化的美好生活需要。

（二）為社會主義現代化建設提供了堅強保障

建立了黨對經濟工作集中統一領導的制度體系。中國共產黨的領導地位是歷史的選擇、人民的選擇。中國特色社會主義制度的最大優勢是中國共產黨領導。黨在治國理政中處於總攬全局、協調各方的地位，經濟工作是中心工作，黨的領導自然要貫穿於經濟工作始終。回顧全面深化改革的歷程，黨對經濟工作的戰略謀劃和統一領導不斷加強。以習近平同志為核心的黨中央審時度勢，做出經濟發展面臨"三期疊加"、經濟發展進入新常態等判斷，強調不能簡單以生產總值增長率論英雄，必須深化供給側結構性改革，繼黨的十九大提出我國經濟轉向高質量發展階段之後，近期黨中央又做出我國經濟發展面臨需求收縮、供給衝擊、預期轉弱三重壓力的判斷。這些思想環環相扣，系統回答了經濟形勢"怎麼看"、經濟工作"怎麼幹"的問題。正如2021年中央經濟工作會議所指出的，在應對風險挑戰的實踐中，我們進一步積累了對做好經濟工作的規律性認識，第一條認識就是必須堅持黨中央集中統一領導，沉著應對重大挑戰，步調一致向前進。

建立了重大改革於法有據的法律保障體系。黨的十八屆四中全會提出必須堅持立法先行，強調重大改革於法有據，要運用法治思維和法治方式推動改革，標誌改革進入法治化的新階段，這也是適應改革進入攻堅期和深水區的緊迫要求。正是因為過去容易的、皆大歡喜的改革已經完成了，攻堅期和深水區的改革都是難啃的"硬骨頭"，比如教育、就業、社保、醫療、住房、生態、土地、安全等領域的改革，要麼是多年達不成共識，要麼是牽扯固有利益格局和權力調整，一旦處理不好，容易引發群體事件和社會矛盾。隨著全面深化改革的不斷推進，現有工作格局和體制機制將會被突破，可能會出現與現行法律矛盾的情況，但實踐無止境，改革無止境，法律亦須與時俱進。破解這些難題，要處理好改革與法治的辯證統一關係，發揮法治的引領和推動作用，把改革納入規範化和法治化的軌道。

形成了基層探索和頂層設計相結合的有效改革方式。全面深化改革改到深處，無處不是硬骨頭和險灘暗礁。通過推動頂層設計和基層探索良性互動、有機結合，調動中央和地方兩個積極性，最大限度地激發出推動改革發展的強大動能，提供自上而下和自下而上的組織保障。經過基層試驗的探索和總結無數經驗教訓形成的頂層設計，是多年以來我們黨從實踐中總結提煉的科學方法和經驗，這不僅是一個從特殊到一般、從個別事物到總結概括一般性規律的歸納推理的過程，也是一個不斷試錯、不斷修改、不斷找尋出路的過程，更是從群眾關注的焦點、百姓生活的難點中尋找改革切入點的過程。

劃清了改革的底線要求。堅持底線思維要求凡事從壞處準備，努力爭取最好的結果。習近平總書記多次強調，"中國是一個大國，決不能在根本性問題上出現顛覆性錯誤，一旦出現就無法挽回、無法彌補"。黨的十八大以來，我們面對的國際形勢波譎雲詭、周邊環境複雜敏感、改革發展穩定任務艱巨繁重，改革要立足於經濟社會運行系統視角，既要防範系統本身運行中的矛盾、問題和風險，又要防範外部環境給系統運行可能帶來的各種全局性、系統性風險，更要主動作為，把握國際形勢，趨利避害，處變不驚，不為任何風險所懼，不為任何干擾所惑。同時，要把握好"改"與"不改"的辯證統一關係。以習近平同志為核心的黨中央始終堅持底線思維，著眼於整體目標和全局利益，築牢改革開放和社會主義現代化建設的底線保障。習近平總書記多次指出，改什麼、怎麼改必須以是否符合完善和發展中國特色社會主義制度、推進國家治理體系和治理能力現代化的總目標為根本尺度，該改的、能改的我們堅決改，不該改的、不能改的堅決不改；要堅持黨的基本路線，把以經濟建設為中心同堅持四項基本原則、堅持改革開放這兩個基本點統一於新時代中國特色社會主義偉大實踐，長期堅持，決不動搖。

三、全面深化改革影響深遠

習近平總書記在中央全面深化改革委員會第十七次會議上發表重要講

話指出，回顧這些年改革工作，我們提出的一系列創新理論、採取的一系列重大舉措、取得的一系列重大突破，都是革命性的，開創了以改革開放推動黨和國家各項事業取得歷史性成就、發生歷史性變革的新局面。

（一）這是一場思想理論的深刻變革

　　理論在實踐中形成，又指導實踐進一步發展。全面深化改革堅持以思想理論創新引領改革實踐創新，以總結實踐經驗推動思想理論豐富和發展；從改革的總體目標、主攻方向、重點任務、方法路徑等方面提出一系列具有突破性、戰略性、指導性的重要思想和重大論斷；科學回答了在新時代為什麼要全面深化改革、怎樣全面深化改革等一系列重大理論和實踐問題。改革不僅要有頂層設計，而且也要有判斷標準。如果沒有一個科學的判斷標準，改革就很難深入推進，就有可能走偏，甚至出現方向性問題。1992 年初，鄧小平同志在視察南方時，針對當時理論界對改革開放性質的爭論，提出了“三個有利於”的改革開放的判斷標準，即判斷改革開放中一切工作得失、是非、成敗，主要看是否有利於發展社會主義社會的生產力，是否有利於增強社會主義國家的綜合國力，是否有利於提高人民的生活水平。“三個有利於”科學總結了黨的十一屆三中全會以來的實踐探索和基本經驗，從理論上深刻回答了長期困擾和束縛人們思想的許多重大問題，推動了我國改革開放和社會主義現代化建設事業走向一個新的階段。黨的十八屆三中全會以後，我國進入了全面深化改革的新時期，無論是改革的深度還是改革的難度都在加大。在 2016 年 2 月 23 日召開的中央全面深化改革領導小組第二十一次會議上，習近平總書記提出了“兩個是否”的改革判斷標準，即把是否促進經濟社會發展、是否給人民群眾帶來實實在在的獲得感，作為改革成效的評價標準。“兩個是否”是適應全面深化改革新形勢、經濟發展新常態的新論斷新思想，是對我國改革實踐的新認識。

（二）這是一場改革組織方式的深刻變革

在不同歷史階段，以何種組織方式推進改革目標的實現，具有鮮明的時代性和實踐性。十八屆三中全會之前，我們在推動經濟體制改革的組織方式上經歷了一系列的探索。1980 年 5 月，國務院決定成立“國務院體制改革辦公室”，為臨時辦事機構。1982 年 3 月，為了更好地解決經濟體制改革問題，國務院成立“國家經濟體制改革委員會”，負責改革的總體設計，統一研究、籌劃和指導全國經濟體制改革工作。1998 年，體改委改為“國務院經濟體制改革辦公室”。2003 年國務院機構改革中，體改辦並入由國家計委改組而成的國家發展和改革委員會。然而，改革進入深水區，各領域的改革日益緊密交織，全面深化改革是一項複雜的系統工程，要注重系統性、整體性、協同性，亟須提出改革總目標作為統領，以全局觀念和系統思維謀劃推進改革。在此背景下，黨中央成立中央全面深化改革領導小組，習近平總書記親自掛帥。黨的十九屆三中全會決定將其改為中央全面深化改革委員會，作為全面深化改革專職機構統籌協調、整體推進、督促落實，各地成立相應機構推進改革落地落實。

（三）這是一場國家制度和治理體系的深刻變革

改革目標引領改革方向，決定制度建設的框架體系及其具體內容。全面深化改革總目標是完善和發展中國特色社會主義制度、推進國家治理體系和治理能力現代化。在實現全面深化改革總目標的過程中，我們始終突出制度建設這條主線。黨的十九屆四中全會強調，要突出堅持和完善支撐中國特色社會主義制度的根本制度、基本制度、重要制度。在推進全面深化改革進程中，改什麼、怎麼改始終以是否符合完善和發展中國特色社會主義制度、推進國家治理體系和治理能力現代化的總目標為根本尺度，始終突出制度建設這條主線，不斷健全制度框架，築牢根本制度、完善基本制度、創新重要制度。通過改革所形成的制度體系，在歷史形態上超越了資本邏輯主宰的制度模式，是代表人類社會發展方向、符合人類歷史躍遷規律的嶄新制度形態，符合歷史發展的規律性；在實踐效能上能夠集中力量辦大事，黨的領導制度優勢、高效組織和整合社會各方優勢得以充分顯現；在實踐形態上既繼承了科學社會主義的基因，又契合中國實際，具有中國特色，為其他發展中國家完善治理體系貢獻了中國智慧。

（四）這是一場人民廣泛參與的深刻變革

改革的目的決定改革的目標，決定建立什麼樣的體制機制，也決定依靠誰推進改革以及推進改革的方式。人民是改革最直接的受益者，也是推動改革的主體力量。黨的十八大以來，各地依靠人民進行了各種形式的改革探索。比如發展各種形式的合作社，助力鄉村振興。山東省煙台、貴州省畢節、江西省吉安等黨支部領辦合作社；江蘇省鹽城市鹽都區秦南鎮、浙江省嘉興市秀洲區王江涇鎮等家庭農場組建合作社；浙江省湖州潯澳生態種養專業合作社、安徽省當塗縣均慶河蟹生態養殖專業合作社、湖北省宜昌眾贏藥材種植專業合作社等出資辦公司。還比如，在建設“人人有責、人人盡責、人人享有的社會治理共同體”方面，各地依靠人民進行了不少實踐創新。浙江省湖州市安吉縣余村創造性地建立“兩山議事會”，形成基層協商民主的“余村樣本”；浙江省寧波市象山縣“村民說事”，群策群力化解矛盾糾紛等。

第九章

小康：
全面建成小康社會的目標歷史性實現

　　黨的十八大以來，以習近平同志為核心的黨中央領導全黨全國各族人民砥礪前行，實施了以三大攻堅戰為突出任務的一系列戰略部署，如期完成了全面建成小康社會的目標，歷史性實現了中華民族的千年夢想和夙願，為實現中華民族偉大復興提供了更為堅實的物質基礎、更為完善的制度保證和更為主動的精神力量，在中華民族偉大復興的進程中邁出了關鍵的一步。

一、全面建成小康社會是中國共產黨矢志不渝的追求

　　自古以來，"小康" 一直是中華民族不懈追求的夢想，中國人民始終為過上 "小康" 描繪的幸福美好的生活而不懈奮鬥。中國共產黨一經誕生，就把為中國人民謀幸福、為中華民族謀復興確立為自己的初心使命，團結帶領人民接續奮鬥，不斷向著全面建成小康社會邁進。

（一）小康是中華民族自古以來的夢想

　　溯至數千年前，"小康" 理念就已經萌生於中華文明的沃土之中。小康一詞最早出現在《詩經》中，《大雅·民勞》裏就有 "民亦勞止，汔可小康。惠此中國，以綏四方" 的詩句，其中的 "小康" 含有休養生息、安定祥和之意，表達了先民對太平生活的期盼。儒家經典《禮記·禮運》中，進一步描繪出了 "小康" 的理想社會狀態，並給出了具體描述，從法制與道德等層面豐富與擴充了 "小康" 內涵。東漢末年，何休所著的《春秋公羊解詁》將《禮記·禮運》中 "小康" 和 "大同" 的概念進行了進一步細化，並提出了 "三世說"，即由 "衰亂世" 至 "昇平世" 再至 "太平世"，使 "小康" 思想趨於理論化。此後，在長期的社會發展中，"小康" 的內涵進一步豐富，並一直深深地烙在中華民族的執政議政之中，形成了厚重的文化積澱。如，唐玄宗曾以 "聿來四紀，人亦小康" 來評價自身的政績，以 "小康" 指代開元年間經濟社會快速發展、百姓安居樂業的狀態。

　　近代以來，隨著封建制度的瓦解、民主革命的興起，"小康" 理念又得到了新的發展。晚清維新派領袖康有為在其著作《禮運注》裏指出，縱觀兩千年來中國史，曾經出現的包括文景之治、貞觀之治、開元盛世、康乾盛世等在內的所謂盛世景觀，"總總皆小康之世也"。在《大同書》中，

康有為又以"昇平者，小康也"對"小康社會"進行了進一步概括，並將《禮記·禮運》中的"小康"和"大同"與何休的"三世說"進行了整合。中國民主革命先驅孫中山進一步擴充了"小康"在社會民生方面的內涵，把實施民生主義、進行小康實踐視為實現人類理想的中國道路，並高度讚揚俄國的社會主義革命，"大同世界，所以異於小康者，俄國新政府之計劃，庶幾近之"，認為民本思想、自由平等是"小康"的應有之義。

"小康"是百姓的夢想，更是國家治理的重要現實目標。幾千年的歷史表明，"小康"是根植於中華民族精神和理想之中的美好願景。"小康"不僅反映了封建時期百姓對政治清明、生活富足的期盼，更凝結了近代以來社會各階層對民本思想、社會變革的渴求。建成"小康社會"成為千百年國家和社會治理的重要目標，歷史呼喚新的領導力量帶領中華民族將這一夢想變為社會現實。

（二）全面小康是中國共產黨人的不懈追求

實現小康的千年夙願，需要先進的且強有力的領導核心。中國共產黨誕生後，肩負起了民族獨立、國家富強、人民幸福的歷史使命。從新民主主義革命，到社會主義革命，再到改革開放，黨團結帶領人民，取得新民主主義革命勝利，完成社會主義革命，持續推進社會主義建設和小康社會建設，實現了人民生活從貧窮到溫飽，再到總體小康、奔向全面小康的歷史性跨越。

新民主主義革命的勝利帶來了民族獨立和人民解放，為實現小康的千年夙願創造了根本前提。五四運動後期，中國工人階級以獨立的姿態正式登上政治舞台，開始成為一支強大、富有革命性的社會力量。十月革命送來了馬克思列寧主義，給中國人民指明了前進方向，中國共產黨應運而生。黨的發展壯大深刻改變了中華民族發展的方向和進程，深刻改變了中

國人民和中華民族的前途和命運。新民主主義革命時期黨在城市領導工人
運動，改善工人待遇，維護工人利益；同時在農村逐步建立革命根據地，
進行土地革命，發動廣大農民，使無產階級牢牢掌握革命領導權。經過血
與火的洗禮，最終結束了帝國主義、封建主義和官僚資本主義在中國的統
治，建立了人民民主專政的新中國，這是中國歷史上的偉大轉折點，標誌
著中國社會進入了新的時期，中國人民對幸福生活的追求開始有了現實的
道路。

　　在社會主義革命和建設時期，黨在實踐中不斷探索將馬克思主義基本
原理同中國社會主義建設具體實踐相結合，形成一條符合中國國情的社會
主義發展道路。新中國成立時，經濟基礎十分薄弱，這一時期，黨的主要
任務是實現從新民主主義到社會主義的轉變，進行社會主義革命，推進社
會主義建設，為實現中華民族偉大復興奠定根本的政治前提和制度基礎。
從 1953 年起國家開始實施第一個五年計劃，掀起了工業化建設的高潮。
1956 年國家對農業、手工業和資本主義工商業的三大改造運動基本完
成，建立了以生產資料公有制和按勞分配為主要形式和特點的社會主義基
本經濟制度。經過幾十年的革命和建設，黨領導人民實現了從一窮二白、
人口眾多的貧窮大國向社會主義大國的偉大飛躍，為實現全面小康、實現
中華民族偉大復興奠定了根本的基礎。

　　改革開放以來，黨團結帶領人民持續推進小康社會建設，實現了人民
生活從溫飽不足到總體小康和全面小康的不斷邁進。改革開放之初，黨中
央就提出小康社會建設的戰略構想。1979 年，鄧小平同志在會見日本首
相大平正芳時，結合我國經濟社會發展的現實，指出“我們要實現的四個
現代化，是中國式的四個現代化。我們的四個現代化的概念，不是像你
們那樣的現代化的概念，而是‘小康之家’”，第一次明確提出了“小康”
概念以及在 20 世紀末使我國達到“小康社會”的構想。從此“小康社會”

正式成為我國現代化建設過程中重要的階段性目標。1982 年，黨的十二大首次把 “小康” 作為經濟建設總的奮鬥目標，提出到 20 世紀末力爭使人民的物質文化生活達到小康水平。黨的十三大系統闡述了社會主義初級階段的理論，確定了我國社會主義現代化建設 “三步走” 發展戰略，提出到 20 世紀末，使國民生產總值再增長一倍，人民生活達到小康水平。1992 年，在人民溫飽問題基本得到解決的基礎上，黨的十四大提出到 20 世紀末人民生活由溫飽進入小康。1997 年，黨的十五大提出新的 “三步走” 發展戰略，明確到 2010 年使人民的小康生活更加寬裕。經過長期不懈努力，20 世紀末，人民生活總體上達到小康水平的目標如期實現。進入新世紀，黨的十六大提出，集中力量，全面建設惠及十幾億人口的更高水平的小康社會，使經濟更加發展、民主更加健全、科教更加進步、文化更加繁榮、社會更加和諧、人民生活更加殷實。2007 年，黨的十七大進一步對實現全面建設小康社會作出部署，在經濟、政治、文化、社會、生態文明等方面提出新要求，全面建設小康社會的目標更全面、內涵更豐富、要求更具體。

在改革開放的進程中，黨帶領全國各族人民接續奮鬥，不斷為實現小康夙願添磚加瓦。從制度基礎到經濟基礎，通向小康社會的道路愈發寬廣；從發展路線到具體目標，小康社會的圖景愈發清晰，全國人民越來越期盼早日實現小康社會的千年夙願。

二、黨中央以前所未有的力度推動全面建成小康社會

（一）從全面建設小康社會到全面建成小康社會

　　黨的十八大明確提出我國進入全面建成小康社會決定性階段，將發展目標由“全面建設小康社會”調整為“全面建成小康社會”，彰顯了黨中央團結帶領人民奪取全面建成小康社會勝利的堅定決心。黨的十八大綜合分析世情、國情、黨情深刻變化，強調我國發展仍處於可以大有作為的重要戰略機遇期，在全面建設小康社會目標的基礎上提出了更具明確政策導向、更加針對發展難題、更能體現人民需求的新要求：經濟持續健康發展，人民民主不斷擴大，文化軟實力顯著增強，人民生活水平全面提高，資源節約型、環境友好型社會建設取得重大進展。2012 年 11 月 29 日，習近平總書記在參觀《復興之路》展覽時還指出，我堅信，到中國共產黨成立 100 年時全面建成小康社會的目標一定能實現，到新中國成立 100 年時建成富強民主文明和諧的社會主義現代化國家的目標一定能實現，中華民族偉大復興的夢想一定能實現。2013 年 1 月，習近平總書記再次明確，“全面建成小康社會的號角已經吹響，關鍵是要樹立起攻堅克難的堅定信心，凝聚起推進事業的強大力量，緊緊依靠全國各族人民，推動黨和國家事業不斷從勝利走向新的勝利”[1]。全面建成小康社會目標的明確提出，使小康社會的願景更近、更可觸及地呈現在人們眼前，黨心軍心民心空前凝聚，極大地鼓舞了全黨全國各族人民共同為全面建成小康社會的偉大目標而努力奮鬥。

---

[1]　習近平：《在全國政協新年茶話會上的講話》，《人民日報》2013 年 1 月 2 日。

（二）從決定性階段到決勝期

隨著向全面建成小康社會目標的不斷推進，2017 年 10 月，黨的十九大作出決勝全面建成小康社會、開啟全面建設社會主義現代化國家新征程戰略部署，吹響了奪取全面建成小康社會偉大勝利的號角。習近平總書記在黨的十九大報告中指出，從現在到 2020 年，是全面建成小康社會決勝期。要按照黨的十六大、十七大、十八大提出的全面建成小康社會各項要求，緊扣我國社會主要矛盾變化，統籌推進經濟建設、政治建設、文化建設、社會建設、生態文明建設，堅定實施科教興國戰略、人才強國戰略、創新驅動發展戰略、鄉村振興戰略、區域協調發展戰略、可持續發展戰略、軍民融合發展戰略，突出抓重點、補短板、強弱項，特別是要堅決打好防範化解重大風險、精準脫貧、污染防治的攻堅戰，使全面建成小康社會得到人民認可、經得起歷史檢驗。習近平總書記在十九屆中央政治局常委同中外記者見面時還指出，"2020 年，我們將全面建成小康社會。全面建成小康社會，一個也不能少；共同富裕路上，一個也不能掉隊。我們將舉全黨全國之力，堅決完成脫貧攻堅任務，確保兌現我們的承諾"。在決勝全面建成小康社會的征程中，以習近平同志為核心的黨中央以巨大的政治勇氣和強烈的責任擔當，提出一系列新理念新思想新戰略，出台一系列重大方針政策，推出一系列重大舉措，推進一系列重大工作，在全黨全國各族人民的不懈努力下，我們實現了第一個百年奮鬥目標，在中華大地上全面建成了小康社會。

（三）以全面建成小康社會引領協調推進"四個全面"戰略佈局

黨中央堅持以人民為中心的發展思想，把"全面建成小康社會"放在治國理政突出位置。黨的十八大以來，以習近平同志為核心的黨中央從堅持和發展中國特色社會主義全局出發，提出並形成了全面建成小康社會、全面深化改革、全面依法治國、全面從嚴治黨的戰略佈局。2015 年 2 月，習近平總書記在省部級主要領導幹部學習貫徹黨的十八屆四中全會精神全面推進依法治國專題研討班開班式上指出，"這個戰略佈局，既有戰略目標，也有戰略舉措，每一個 '全面' 都具有重大戰略意義。全面建成小康社會是我們的戰略目標，全面深化改革、全面依法治國、全面從嚴治黨是三大戰略舉措"。2016 年 7 月 1 日，習近平總書記在慶祝中國共產黨成立 95 週年大會上指出，"全面建成小康社會，是我們黨向人民、向歷史作出的莊嚴承諾，是 13 億多中國人民的共同期盼。為實現這一目標，黨的十八大以來，我們黨形成並積極推進經濟建設、政治建設、文化建設、社會建設、生態文明建設五位一體的總體佈局，形成並積極推進全面建成小康社會、全面深化改革、全面依法治國、全面從嚴治黨的戰略佈局。'五位一體' 和 '四個全面' 相互促進、統籌聯動，要協調貫徹好，在推動經濟發展的基礎上，建設社會主義市場經濟、民主政治、先進文化、生態文明、和諧社會，協同推進人民富裕、國家強盛、中國美麗"。

（四）中國共產黨率領中國人民創造人類減貧史上的中國奇跡

習近平總書記指出，"我們不能一邊宣佈實現了全面建成小康社會目標，另一邊還有幾千萬人口生活在扶貧標準線以下"。為了 "看真貧、扶真貧、真扶貧"，習近平總書記以革命老區阜平為起點，50 多次調研扶貧工作，走遍 14 個集中連片特困地區，先後 7 次主持召開中央扶貧工作座談會，親自部署、親自掛帥、親自出征、親自督戰，帶領全黨全國人民向貧困發起總攻，脫貧攻堅力度之大、規模之廣、影響之深、成效之顯著前所未有。2012 年 12 月，習近平總書記在河北考察扶貧開發工作時指出，"全面建成小康社會，最艱巨最繁重的任務在農村、特別是在貧困地區"。2013 年 11 月，習近平總書記在湖南考察時提出 "精準扶貧" 理念。2015

年，習近平總書記在中央扶貧開發工作會議上講話強調，打贏脫貧攻堅戰，要做到"六個精準"，解決好"扶持誰"、"誰來扶"、"怎麼扶""如何退"的問題，實施發展生產、易地搬遷、生態補償、發展教育、社會保障兜底"五個一批"工程，加快形成中央統籌、省負總責、市縣抓落實的扶貧開發工作機制，形成全社會參與的大扶貧格局。2021 年 2 月，習近平總書記指出，脫貧攻堅偉大鬥爭，鍛造形成了上下同心、盡銳出戰、精準務實、開拓創新、攻堅克難、不負人民的脫貧攻堅精神，我們走出了一條中國特色減貧道路，形成了中國特色反貧困理論，脫貧摘帽不是終點，而是新生活、新奮鬥的起點。

三、全面建成小康社會是人類發展史上的偉大奇跡

全面建成小康社會，使中華民族迎來了從站起來、富起來到強起來的偉大飛躍，為建設社會主義現代化強國打下了雄厚基礎，使中華民族以嶄新面貌屹立於世界民族之林，進一步展現了中國共產黨的強大領導力，進一步展現了科學社會主義的旺盛生命力，為人類社會發展進步作出了積極貢獻，必將在中華民族和人類文明發展史上留下濃墨重彩的一筆。

（一）"五位一體"總體佈局進展顯著

在經濟建設方面，由注重增長速度轉向注重高質量發展，推動了發展方式的變革。我國經濟在過去幾十年實現高速發展的同時，一些地區和領域片面追求速度、發展方式粗放的問題十分突出，經濟結構性體制性矛盾日益積累。為解決這些問題和矛盾，黨的十八大以來，以習近平同志為核

心的黨中央提出新發展理念，加快構建新發展格局，推動高質量發展，全
面實施供給側結構性改革，大力實施創新驅動發展戰略，完善宏觀經濟治
理，創新宏觀調控思路和方式，實施區域協調發展戰略，全面提升我國經
濟發展的平衡性、協調性和可持續性，經濟發展邁向更高質量、更有效
率、更加公平、更可持續、更為安全。國內生產總值穩居全球第二，相當
於全球第一的美國的比重由 2012 年的 53％上升至 2020 年的 70％；人均
國民總收入突破 1 萬美元，相當於高收入國家的門檻線的比重由 2012 年
的 35％上升至 2020 年的 84％。2020 年，數字經濟核心產業增加值佔國
內生產總值的比重達到 7.8％，成為經濟增長強大新引擎；科技進步對經
濟增長的貢獻率已超過 60％，成為高質量發展的重要動力。

　　在政治建設方面，社會主義民主政治制度化、規範化、程序化得以全
面推進，全過程人民民主建設取得新的重大進展。20 世紀 90 年代以來，
一批人不時熱炒憲政話題，鼓吹所謂西方 “憲政”、多黨輪流執政和 “三
權鼎立”，宣稱憲政是解決當前中國問題的 “良藥”，企圖用西方的 “憲
政民主” 改組中國的政治體制。針對這些錯誤思潮和觀點，黨的十八大以
來，以習近平同志為核心的黨中央堅持中國特色社會主義政治發展道路，
堅持黨的領導、人民當家作主、依法治國有機統一，健全了全面、廣泛、
有機銜接的人民當家作主制度體系，構建了多樣、暢通、有序的民主渠
道，走出了一條發展全過程人民民主的民主道路。十三屆全國人大代表
中一線工人、農民代表比重提高 2.28 個百分點。2016 年開始的縣鄉兩級
人民代表大會換屆選舉中，登記選民 10 億多人，直接選舉產生近 248 萬
名縣鄉兩級人大代表。全國農村已普遍開展 10 輪以上村委會換屆選舉，
98％以上的村委會依法實行直接選舉，村民參選率達 95％。全過程人民
民主切實保障了人民當家作主，有效防止了 “選舉時漫天許諾、選舉後無
人過問”“人民形式上有權、實際上無權” 等西式民主現象。黨的十八大

以來，隨著全過程人民民主的不斷發展，我國的人權事業得到全面發展，生動活潑、安定團結的政治局面得到鞏固。

在文化建設方面，意識形態領域不利局面得到根本扭轉，全黨全國各族人民文化自信得到明顯增強。在社會主義文化繁榮發展的同時，意識形態領域並不平靜，拜金主義、享樂主義、極端個人主義和歷史虛無主義等錯誤思潮滋長蔓延，網絡輿論亂象叢生，道德失範、唯利是圖、低俗庸俗媚俗等行為現象屢屢突破公序良俗底線。為扭轉這一局面，黨的十八大以來，黨中央全面加強對意識形態工作的領導，健全意識形態工作責任制，確立和堅持馬克思主義在意識形態領域指導地位的根本制度。高揚思想旗幟，持續推動用習近平新時代中國特色社會主義思想武裝全黨、教育人民和指導實踐，在全黨全社會營造了愛黨愛國愛社會主義的濃厚氛圍，有效扭轉主流思想主導地位遭受侵蝕的狀況。堅持以人民為中心的工作導向，大力繁榮文藝創作生產，先後推出了電影《我和我的祖國》《長津湖》，電視劇《覺醒年代》《山海情》，紀錄片《記住鄉愁》《航拍中國》，電視綜藝節目《典籍裏的中國》《唐宮夜宴》《洛神水賦》，動畫片《大禹治水》等一批反映正能量和彰顯中華文化神韻風采的精品力作，有效扭轉人民群眾“精神食糧”日趨“西化”的局面。推進文化傳播和文明交流，向世界講好中國故事，做強“感知中國”“讀懂中國”“大中華文庫”“中國３分鐘”等傳統媒體和新媒體文化傳播品牌，塑造生動鮮活的中國國際形象，提升中華文化影響力。堅持依法管網治網，敢於出重拳、亮利劍，持續深入開展淨網專項行動，營造清朗的網絡空間，有效扭轉網絡空間亂象叢生的狀況。

在社會建設上，人民對美好生活的需要得到進一步滿足，共同富裕的基礎得到夯實。進入新時代，人民對民主、法治、公平、正義、安全、環境等方面的要求日益增長，對共同富裕的嚮往更加強烈。回應人民對美好生活的期盼，黨的十八大以來，黨中央強調必須將讓老百姓過上好日子作為我們一切工作的出發點和落腳點，必須以保障和改善民生作為社會建設的重點。在以人民為中心的發展思想引領下，打贏脫貧攻堅戰，整體消除了絕對貧困，既創造了人類減貧史上的奇跡，也完成了實現全體人民共同富裕必須完成的一項重大基礎性任務。加強普惠性、基礎性和兜底性民生建設，推進基本公共服務均等化。實現居民收入增長與經濟增長基本同步，農村居民收入增長快於城鎮居民，建成了世界上規模最大的社會保障體系，基本養老保險覆蓋 10.2 億人口，基本醫療保險覆蓋 13.6 億人口。完善社會治理體系，建設人人有責、人人盡責、人人享有的社會治理共同體。統籌疫情防控和經濟社會發展，最大限度保護了人民生命安全和身體健康，在全球率先控制疫情，率先復工復產。黨的十八大以來，人民的獲得感、幸福感、安全感更加充實、更有保障、更可持續。

在生態文明建設方面，促進發展方式和生活方式深刻變革，使推動綠色發展成為全社會更加自覺的行動。黨的十八大以來，黨中央直面生態環境領域面臨的嚴峻形勢，以高度的歷史使命感和責任擔當，將生態文明建設擺在黨和國家事業發展全局中的更加突出位置。全方位、全地域、全過程加強生態環境保護，推動劃定生態保護的“紅線”、環境質量的“底線”和資源利用的“上線”。實施主體功能區戰略，優化國土空間開發保護格局。出台並實施了“史上最嚴”的環保法，開展中央生態環境保護督察，打贏污染防治攻堅戰，解決了一批人民群眾反映強烈的突出環境問題。積極參與應對全球氣候變化，做出實現碳達峰、碳中和目標的莊嚴承諾。黨的十八大以來，我國生態文明建設發生歷史性、轉折性、全局性變化，全社會更加自覺、更加主動地推動綠色發展，取得了新中國成立以來生態環境質量改善的最大成效。

總之，黨的十八大以來，隨著“五位一體”總體佈局的加快推進，發展的質量、平衡性、協調性、可持續性和安全性顯著提升。從綜合反映經濟社會發展質量的人類發展指數來看，過去十年，中國成功從"中等人類發展指數組"躋身"高人類發展指數組"，成為少有的具備高人類發展水平的發展中大國。

（二）全體人民的福祉顯著提升

全面建設小康社會推動了從世界上貧困人口最多的發展中國家到整體消除絕對貧困的國家的歷史性跨越。黨的十八大以來，黨中央把脫貧攻堅擺在治國理政的突出位置，把實現農村貧困人口全部脫貧、貧困地區全部摘帽和解決區域性整體貧困問題，作為全面建成小康社會、實現第一個百年奮鬥目標的底線任務和標誌性指標，組織實施了人類歷史上規模空前、力度最大、惠及人口最多的脫貧攻堅戰。2020 年，隨著現行標準下 9899 萬農村貧困人口全部脫貧，832 個貧困縣全部摘帽，12.8 萬個貧困村全部出列，區域性整體貧困得到解決，整體消除了絕對貧困，實現了共同富裕最基礎性的目標，提前 10 年實現聯合國 2030 年可持續發展議程減貧目標，成為全球第一個提前實現這一目標的發展中國家。脫貧攻堅戰的勝利讓貧困群眾與全國人民一起邁進了小康。脫貧人口的收入水平大幅提升。2013—2020 年貧困地區農村居民人均可支配收入年均實際增長 9.2%，比全國農村居民整體平均增速高 2.2 個百分點。脫貧人口參與發展的能力顯著提高。全國 2/3 以上建檔立卡貧困人口通過就業實現脫貧，貧困勞動力務工規模從 2016 年的 1527 萬人增長至 2020 年的 3243 萬人。脫貧人群的基本公共服務得到了保障。2020 年貧困縣九年義務教育鞏固率達到 94.8%，歷史性解決了建檔立卡貧困學生失輟學這一"頑疾"。貧困人口基本醫療參保率持續穩定在 99.9% 以上。全國 2342 萬戶建檔立卡貧困戶實現住房安全的保障。貧困地區自來水普及率從 2015 年的 70% 提高至

2020 年的 83％。

　　全面建設小康社會推動了城鄉協調發展邁上新台階。全面小康是城鄉共同發展的小康。習近平總書記強調，全面建成小康社會，最艱巨最繁重的任務在農村特別是農村貧困地區；推進城鄉發展一體化，是工業化、城鎮化、農業現代化發展到一定階段的必然要求，是國家現代化的重要標誌。黨的十八大以來，黨中央高度重視城鄉協調發展，實施鄉村振興戰略，加快推進農村現代化，實施《國家新型城鎮化規劃（2014—2020 年）》，推動以人為核心的新型城鎮化，著力破解城鄉分割的二元結構，推進城鄉要素平等交換和公共資源均衡配置。在這一過程中，城鄉人民收入差距持續下降，城鄉之間教育、醫療、養老等基本公共服務差距進一步縮小，協調互補、共同繁榮的新型城鄉關係正在加快形成。城鎮和鄉村居民人均可支配收入之比從 2012 年的 2.9 下降至 2020 年的 2.6。2020 年農村小學和初中生均公共財政預算教育事業費相當於全國平均的事業費的比重分別達到 96％和 91％。城鄉之間每千人口衛生技術人員之比由 2012 年的 2.5 下降至 2020 年的 2.2。2014 年開始逐步建立城鄉統一的居民基本養老保險制度。2020 年城鄉居民養老保險參保人數已達到 5.4 億，比 2010 年增長了 4.2 倍。

　　全面建設小康社會開創了區域協調發展的新局面。全面小康是區域共同發展的小康。習近平總書記強調：“我國幅員遼闊、人口眾多，各地區自然資源稟賦差別之大在世界上是少有的，統籌區域發展從來都是一個重大問題。”黨的十八大以來，推動實施京津冀協同發展、長江經濟帶發展、粵港澳大灣區建設、長三角一體化發展、黃河流域生態保護與高質量發展等一系列區域重大發展戰略，區域發展的質量全面提升；深入實施區域協調發展戰略，推動西部大開發形成新格局、東北振興全方位和中部地區高質量發展，鼓勵東部地區加快推進現代化，支持革命老區、民族地區、邊疆地區、貧困地區改善生產生活條件，區域發展的平衡性和協調性顯著增強。在這一過程中，區域之間發展差距和居民收入差距均不斷下降，區域之間教育、醫療、養老等基本公共服務差距也不斷縮小，優勢互補、高質量發展的區域經濟佈局正在加快形成。發展水平最高與最低的省份人均 GDP 之比從 2010 年的 6.2 下降至 2020 年的 4.6；居民人均可支配收入最高與最低的省份之比從 2013 年的 4.3 下降至 2020 年的 3.6。區域之間義務教育生均一般公共預算教育事業費最高與最低省份之比由 2010 年的 6.9 下降至 2020 年的 5.0；每萬人擁有執業（助理）醫師人數最高與最低省份之比由 2010 年的 3.8 下降至 2020 年的 2.1。

（三）國家現代化邁上一個新的大台階

　　隨著全面建成小康社會目標的勝利實現，我國經濟實力、科技實力、綜合國力都躍上新的大台階，形成了雄厚且完備的製造業體系、豐富而多元的人力資源、快速成長的超大規模市場、強大且快速提升的創新能力和快速提高的國際地位，從多個方面為建設社會主義現代化強國奠定了雄厚基礎。

　　雄厚且完備的製造業體系，為現代化新征程奠定了產業基礎。黨的十八大以來，在既有產業發展的基礎上，我們高度重視實體經濟特別是製造業發展，繼續做大製造業規模，堅持提高製造業質量，不斷鞏固製造業在全球的地位。製造業增加值 2010 年超過美國，至 2020 年已連續 11 年位居世界第一，佔全球的比重從 2012 年的 22.5％提升至 2020 年的接近 30％。同時，我國製造業不僅規模大，而且體系相對完整，是全球唯一擁有聯合國產業分類中所列全部工業門類的國家。雄厚完備的製造業體系構成了我國經濟高強度韌性的基礎，有助於我國產業鏈與供應鏈體系的進一步升級、在全球分工體系中地位的不斷攀升，有助於實現新一輪科技革命向現實生產力的快速轉化。

　　從人口大國到人力資源大國的歷史性轉變，為現代化新征程奠定了要素支撐。關鍵性生產要素的多寡和質量決定了發展的潛力。隨著歷史時期和發展階段的變遷，支撐社會生產的關鍵性生產要素也會不斷變化，農業社會是土地，工業化社會是資本，當今時代是人才。2020 年，我國擁有大學文化程度的人口為 2.18 億，15 歲及以上人口平均受教育年限為 9.91年；在校普通本專科大學生 3300 萬人，在校碩士生 270 萬人，在校博士生 47 萬人，已成為世界上屈指可數的高端人才培養基地。同時，還有大量留學生和海外高層次人才回國發展。豐富而多元的人力資源有助於我國發展方式實現從物質資本積累向創新驅動的轉換，為現代化提供持久的推動力。

　　快速成長的超大規模市場，為現代化新征程創造了廣闊的市場空間。市場空間的持續擴展是生產體系不斷擴大的前提。我國中等收入群體規模已位居全球第一，預計未來十五年，隨著居民收入持續提升與分配格局不斷改善，這一規模還將翻番。這不僅將帶來需求數量的擴張，也將促進需求結構的優化和升級。巨大且結構不斷升級的市場需求意味著分工的細化，資源要素配置效率的提升；意味著新技術新產業新業態新模式的應用場景多元而廣闊，新動能不斷壯大；意味著更易形成龐大而牢固的經濟網絡，經濟韌性不斷增強。

　　強大且快速提升的創新能力，為現代化新征程抓住新一輪科技革命機遇創造了條件。從世界歷史看，每一輪科技革命都是後發國家實現趕超的重要機遇。而由於缺乏相應的創新能力，我國曾多次錯失科技革命的良機，成為世界現代化大潮中的落伍者。今天的情形已與過去截然不同。在新一輪科技革命如火如荼之時，我國已有強大的創新能力，研發人員總量在 2013 年超過美國，至 2020 年已連續 8 年穩居世界第一位；研發經費投入強度 2014 年首次突破 2%，2020 年提升至 2.4%，接近 OECD 國家的平均水平。不斷提升的強大創新能力與新一輪科技革命的時空高度交集，不僅會使我國成為新科技革命成果的有效轉化者，而且會使我國成為新科技革命的引領者。

國際地位的快速提高，有助於為現代化新征程創造良好外部環境。我國已經成為世界第一貨物貿易大國，實際利用外商投資規模和對外投資規模位居世界前兩名。同時，成功應對新冠肺炎全球性大流行，大規模向世界提供應對物資、技術和人才援助，在世人面前彰顯了我國制度和文化優勢。國際地位的提升顯著地增強了我國對世界發展格局演變的影響力，有助於引導激烈的國際政治經濟格局變動朝著於我有利的方向發展，也增強了我國配置全球資源和開拓全球市場的能力。

（四）中華民族以嶄新面貌屹立於世界民族之林

全面建成小康社會，標誌著絕對貧困這個困擾我國幾千年的歷史性難題得到解決。擺脫貧困、過上小康生活、實現天下大同是幾千年來中國人民亙古不變的夙願。近代以來，在舊的社會制度下，中華民族飽受西方列強的凌辱，中國人民生活在水深火熱之中，"小康"和"大同"成為泡影。1949 年以來，由於建立了新的經濟和社會制度，由於改革開放以來實現了經濟的快速發展，由於以習近平同志為核心的黨中央大力度推動經濟社會高質量發展，小康社會的千年夢想終於變成現實。特別值得一提的是，在全球不平等日益嚴峻的背景下，我國消除絕對貧困，提前 10 年實現聯合國 2030 年可持續發展議程減貧目標。聯合國秘書長古特雷斯稱讚，這一重大成就為實現 2030 年可持續發展議程所描繪的更加美好和繁榮的世界作出了重要貢獻，中國取得的非凡成就為整個國際社會帶來了希望、提供了激勵。

　　全面建成小康社會，築起了中華民族偉大復興史上的巍峨里程碑，使中華民族的自信心和凝聚力空前增強。中華民族是勤勞智慧的偉大民族，中華文明是輝煌燦爛的偉大文明。近代以來，由於封建制度的腐朽沒落，中國被世界現代化的浪潮甩在了後面。鴉片戰爭之後，國家蒙辱、人民蒙難、文明蒙塵，各種救國方案均以失敗告終，民族的自尊心、自信心深受打擊。中國共產黨將馬克思主義普遍真理與中國國情結合，找到了具有中國特色和風格的現代化道路。沿著這條道路，我們全面建成小康社會。全面建成小康社會不僅表明中國在物質文明建設上取得了巨大成就，而且表明中國在政治文明、精神文明、社會文明、生態文明各方面也取得了顯著進步，並向世人展示了中國更美好的發展前景，證明了中國式現代化道路的正確性，極大地增強了民族自信心、自豪感和國家凝聚力。正如《中共中央關於黨的百年奮鬥重大成就和歷史經驗的決議》指出，今天，中國人民更加自信、自立、自強，極大增強了志氣、骨氣、底氣，在歷史進程中積累的強大能量充分爆發出來，煥發出前所未有的歷史主動精神、歷史創造精神，正在信心百倍書寫著新時代中國發展的偉大歷史。

（五）進一步展現了中國共產黨的強大領導力

　　現代化是一個充滿各類矛盾的過程，如果解決不好這些矛盾，就會對現代化進程造成衝擊。與發達國家在數百年時間裏逐步實現現代化不同，發展中國家的現代化起步晚，要在較短的時間內完成艱巨的趕超任務，各領域矛盾在時間上更加集中，解決矛盾的條件往往又比較薄弱，面臨的風險挑戰巨大，雖有後發優勢，但也容易掉入各種各樣的陷阱之中。20 世紀下半葉以來，很多發展中國家都曾有過經濟高速增長，但不少國家遭遇了 “中等收入陷阱”。中國是後發國家，又是人口超過 14 億的多民族國家，現代化任務更加艱巨、挑戰更大，卻創造了世所罕見的經濟快速發展奇跡和社會長期穩定奇跡，實現了全面建成小康社會的偉大目標，這充分展現了中國共產黨卓越的執政能力。黨的十八大以來，面對百年未有之大變局帶來的外部挑戰，以習近平同志為核心的黨中央，解決了許多長期想解決而沒有解決的難題，辦成了許多過去想辦而沒有辦成的大事，推動黨和國家事業取得歷史性成就、發生歷史性變革。全面建成小康社會，有力地證明了毫不動搖堅持黨的領導是我國現代化建設不斷取得新勝利的根本保證。

在全面建成小康社會的過程中，黨始終把人民的利益放在首位，始終堅持以人民為中心的發展思想，以改善民生為出發點和落腳點，統籌經濟社會各領域發展，讓人民充分參與現代化進程、公平分享現代化成果，顯著地提高了城鄉居民的生活水平和質量。2020 年，我國人均預期壽命達到 77.9 歲，明顯高於世界平均水平和中等偏上收入國家平均水平；我國 15 歲以上人口預期受教育年限接近 10 年，義務教育普及程度達到世界高收入國家的平均水平，高中階段入學率超過中等偏上收入國家平均水平，建成世界最大規模高等教育體系。全面建成小康社會，是黨“立黨為公，執政為民”的執政理念和以人民為中心的發展思想結出的碩果，使人民更加信賴、擁戴共產黨，更加相信共產黨是領導人民實現民族復興的唯一政治力量。

（六）生動展現了科學社會主義的旺盛生命力

人類社會進入工業文明後，生產力實現了極大發展，但生產關係和上層建築與生產力的矛盾也日益突出，引發層出不窮的經濟危機、政治動盪乃至軍事衝突。俄國十月革命使社會主義從理想變為現實，開闢了人類社會發展的嶄新道路。二戰結束後各社會主義國家積極開展經濟和社會建設，取得了很大成就。但由於種種原因，20 世紀 90 年代初東歐發生劇變和蘇聯崩潰解體，世界社會主義運動遭受重大挫折，進入低潮期。認為資本主義已經徹底戰勝社會主義的“歷史終結論”甚囂塵上，我國也備受“紅旗還能打多久”的質疑。

面對國內外不斷發展變化的形勢，中國共產黨在總結社會主義建設正反兩方面經驗的基礎上，把社會主義一般原則同具體國情相結合，開闢出中國特色社會主義道路，不斷豐富中國特色社會主義理論體系，不斷完善中國特色社會主義制度，不斷推動生產力發展和社會進步。黨的十八大以來，黨中央全面審視國內國際新的形勢，總結實踐、展望未來，以科學社會主義理論為基礎，深刻回答了新時代堅持和發展什麼樣的中國特色社會主義、怎樣堅持和發展中國特色社會主義這個重大時代課題，形成了習近平新時代中國特色社會主義思想，帶領全黨和全國各族人民不懈努力，如期實現全面建成小康社會目標。在一個人口眾多、經濟文化相對落後的農業大國全面建成小康社會，在人類發展史上沒有先例，在社會主義運動史上也沒有先例。全面建成小康社會是中國特色社會主義的偉大勝利，展現了科學社會主義的旺盛生命力。在西方資本主義世界陷入貧富分化、政治極化的重重困境之時，全面建成小康社會充分展現了科學社會主義的真理性和時代性，必將極大提振各國人民對社會主義的信心，使世界社會主義事業迎來更加光明的前景。正如《中共中央關於黨的百年奮鬥重大成就和歷史經驗的決議》所指出的，馬克思主義中國化時代化不斷取得成功，使馬克思主義以嶄新形象展現在世界上，使世界範圍內社會主義和資本主義兩種意識形態、兩種社會制度的歷史演進及其較量發生了有利於社會主義的重大轉變。

（七）向更多發展中國家展示了現代化的新路徑

中國全面建成小康社會，極大改變了全球發展不平衡的狀況。在相當長的歷史時期，由於發達國家與發展中國家持續分化，現代化所創造的巨大財富只是由少數發達國家所享有，全球發展的不平衡性十分突出。中國擁有 14 億多人口，佔全球總人口的 18％左右，同當前高收入國家人口總和基本相當。全面建成小康社會，讓中國經濟的發展水平接近高收入國家門檻，有力改變了"南北失衡"的世界經濟格局，顯著提升了全球發展的平衡性。

中國全面建成小康社會，為世界經濟注入強大動力。建設小康社會的過程，是中國經濟持續快速增長的過程，也是中國對世界經濟發展的帶動力不斷增強的過程。1979 — 2020 年，中國 GDP 年均增長 9.2％，遠高於同期世界 2.7％的水平，自 2006 年起連續 15 年成為世界經濟最大動力源。全面建成小康社會，意味著中國城鄉居民收入的顯著提升、中等收入群體規模的顯著擴大。這些將為未來中國內需特別是消費需要的增長奠定更為雄厚的基礎。消費需求的迸發所形成的超大規模市場，將為世界其他國家和地區的經濟增長提供更為有力的需求支撐。

中國全面建成小康社會，向發展中國家展示了走向現代化的新路徑。二戰結束後，一大批新興的獨立國家亟待改變貧窮落後的現狀，積極探索走向現代化的路徑，努力縮小與西方發達國家的差距。但總的來看，由於這些國家大多機械複製西方發達國家的某些做法，如發展工業、推進私有化市場化自由化，結果發展成功者寥寥，停滯者或失敗者不少。而中國沒有照搬西方國家模板，走出了一條自己的現代化道路。習近平總書記指出，"我國現代化是人口規模巨大的現代化，是全體人民共同富裕的現代化，是物質文明和精神文明相協調的現代化，是人與自然和諧共生的現代化，是走和平發展道路的現代化"。在一個 14 億多人口的國度全面建成小康社會，向世人展示了貧窮落後不是發展中國家的宿命，還向世人展示了人口大國走向現代化的可行路徑。正如《中共中央關於黨的百年奮鬥重大成就和歷史經驗的決議》所指出的，"拓展了發展中國家走向現代化的途徑，給世界上那些既希望加快發展又希望保持自身獨立性的國家和民族提供了全新選擇"。

第十章

展望：

中華民族偉大復興進入不可逆轉的歷史進程

　　習近平總書記在慶祝中國共產黨成立 100 週年大會上的重要講話中指出："一百年來，中國共產黨團結帶領中國人民進行的一切奮鬥、一切犧牲、一切創造，歸結起來就是一個主題：實現中華民族偉大復興。"一百年來，中國共產黨團結帶領中國人民，以"為有犧牲多壯志，敢教日月換新天"的大無畏氣概，書寫了中華民族幾千年歷史上最恢宏的史詩，實現了中華民族從站起來、富起來到強起來的偉大飛躍。這一偉大飛躍為在中華人民共和國成立百年時建成富強民主文明和諧美麗的社會主義現代化強國奠定了堅實的基礎，標誌著實現中華民族偉大復興進入了不可逆轉的歷史進程。

一、中華民族偉大復興展現出光明前景

　　中華民族是世界上歷史最為悠久、唯一一個文明未曾中斷的民族，經濟實力、綜合國力和文明影響力曾長期在世界上處於領先地位。19 世紀初的清朝嘉慶時期，中國的經濟總量還佔世界約 1/3。但自鴉片戰爭之後，由於技術和制度的落後，古老的中華民族卻落伍於世界，甚至一度瀕臨亡國滅種的邊緣。山河破碎，國家蒙辱、人民蒙難、文明蒙塵，中國人被西方看作 "東亞病夫"，至今令人痛徹心扉。在那風雨如晦的年代，多少仁人志士前仆後繼、流血犧牲，但始終未能成功。在一個小農經濟為基礎的社會，必須以強有力的組織能力進行社會革命，實現政治獨立和經濟獨立，集中資源啟動工業化，才有可能從根本上改變依附性、邊緣化的命運，而當時的各種政治力量都沒有找到這條道路。

　　1932 年 11 月 1 日，《東方雜誌》策劃了一次徵求 "新年的夢想" 活動，向全國各界人士提問：先生夢想中的未來中國是怎樣？鄭振鐸答道，"因了我們的努力，我們將會把若干年帝國主義者們所給予我們的創痕與血跡，醫滌得乾乾淨淨"。楊杏佛答道，"希望建設一個兒童的樂園。在一個有山水田林的環境裏，有工廠農田實驗室圖書館遊戲場與運動等的設施，使兒童由四五歲至二十歲都在樂園裏受教育與工作的訓練，養成科學的人生觀，為未來科學大同世界的主人翁"。郁達夫答道，"沒有階級，沒有爭奪，沒有物質上的壓迫"。張申府答道，"實現孔子仁的理想、羅素科學的理想與列寧共產主義的理想"。李權時答道，"理想中的未來中國是須合乎禮記 '大道之行也，天下為公，……是謂大同' 的一段事實的"。這是在中國最為黑暗和沉淪的時候，中國人從內心發出的吶喊。

　　雄雞一唱天下白。中國共產黨領導人民，經過艱苦卓絕的鬥爭，取得新民主主義革命的勝利。中華人民共和國的成立，社會主義制度的建立，喚醒了沉睡的高山，改變了河流的模樣。中國共產黨領導中國人民，經過艱辛探索開闢了中國特色社會主義道路，並成功開創中國特色社會主義新時代，創造了經濟快速發展和社會長期穩定的奇跡。

縱觀歷史，多少民族在大浪淘沙中命運跌宕起伏。今天，曾經歷盡磨難的中華民族，已經比歷史上任何時候都接近民族偉大復興的目標。習近平總書記指出："當今世界，要說哪個政黨、哪個國家、哪個民族能夠自信的話，那中國共產黨、中華人民共和國、中華民族是最有理由自信的。"今天，如果再問一問 1932 年《東方雜誌》的那個問題："你夢想中的未來中國是怎樣？"那麼，我們將給出更加自信與豪邁的回答——到本世紀中葉，社會主義現代化強國將如期建成，中華民族將實現偉大復興！那時候的中國將是：

（一）開闢人類文明新形態的中國

經過一百年奮鬥，黨領導人民成功走出中國式現代化道路，創造了人類文明新形態，拓展了發展中國家走向現代化的途徑，給世界上那些既希望加快發展又希望保持自身獨立性的國家和民族提供了全新選擇。在新的起點上，中國人民對美好生活提出了更高的期待；在世界深陷經濟和疫情危機時，中華民族理應為人類尋找更美好社會制度作出新的貢獻。我們將以鍥而不捨、止於至善的精神，繼續推動物質文明、政治文明、精神文明、社會文明、生態文明建設。再經過近三十年的奮鬥，2049 年的中國，將擁有更加富足的物質條件，進一步站在科技進步潮流的前列，充分滿足人民物質和精神生活的需要；政治制度更加健全，黨的領導更加堅強有力，全過程人民民主將更加完善，全體人民既有統一意志又有個人心情舒暢的生動活潑的局面更加鞏固；集五千年中華傳統文化、社會主義文化

並吸取人類文明共同成果的精神文明更加發達，中國人民的精神世界更加
豐富，精神境界更加崇高；社會更加安定有序、充滿活力，人民群眾享有
更高的公共服務水平；生態環境進一步優化，人與自然實現和諧共生，建
成美麗中國，人民生活在青山綠水當中，更加愉悅健康。

（二）實現國家治理體系和治理能力現代化的中國

　　古人說：“凡將立國，制度不可不察也。”制度優勢是一個國家的最
大優勢。科學社會主義和空想社會主義的一大區別，就在於它不是一成不
變的教條，而是把社會主義看作一個不斷完善和發展的實踐過程。隨著中
國特色社會主義進入新時代，發展處於新的歷史方位，社會主要矛盾已經
轉化為人民日益增長的美好生活需要和不平衡不充分的發展之間的矛盾，
國家治理面臨許多新任務新要求，這必然要求中國特色社會主義制度和國
家治理體系更加完善、不斷發展。再經過近三十年的制度變革，到 2049
年，我國將全面實現國家治理體系和治理能力現代化，中國特色社會主義
制度將更加鞏固，社會主義制度的優越性將得到更加充分發揮。

（三）綜合國力和國際影響力領先世界的中國

　　中國人民已經以自己的勤勞、堅忍、智慧創造出世界經濟發展史上令
人讚歎的“中國奇跡”。再經過近三十年的奮鬥，到 2049 年，中國的經濟
總量將穩居世界第一位。同時，作為一個倡導和平發展和致力於構建人類
命運共同體的國家，中國將會超越近代以來西方“國強必霸”的邏輯，成
為一個受世界各國歡迎、充滿感召力和親和力、同世界一起美美與共、追
求天下大同的國家。中國道路、中國制度、中華文明將在人類現代化道路
和人類文明譜系中放射出耀眼光芒。

（四）人民更加幸福安康的中國

在黨的領導下，我們正奮進在共同富裕的大道上。再經過近三十年的奮鬥，到 2049 年，人民群眾對美好生活的需要將得到更加充分的滿足，人民普遍過上豐衣足食、安居樂業的生活。那時的中國，城市和鄉村一樣繁榮美麗，東中西部一樣活力充沛，人民將享受到更高水平的教育、健康、養老服務，人人各盡所能、各得其所，向著實現更加自由和全面發展的目標邁進；各個階層、各個民族的人民更加團結，堅不可摧的中華民族共同體更加鞏固。

（五）以更加昂揚的姿態屹立於世界民族之林的中國

毛澤東同志曾豪邁地指出，"我們中華民族有同自己的敵人血戰到底的氣概，有在自力更生的基礎上光復舊物的決心，有自立於民族之林的能力"。再奮鬥近三十年，到 2049 年，走過百年風雨歷程的中華人民共和國，將向世界昭示，近代以來歷經磨難的中華民族，將更加團結和更加自信。中國的發展道路"順乎天而應乎人"，中華民族將以更加昂揚的姿態屹立於世界民族之林。

二、中華民族偉大復興將有力推動人類文明發展進步

中華民族偉大復興，是一個久經磨難的古老民族再一次煥發青春，站到歷史進程的制高點上，將使中華文明這個世界上唯一未曾中斷的古老文明煥發出嶄新的光彩。從世界歷史看，將是 21 世紀乃至整個近代以來人類歷史上最重要的事件，必將對人類社會發展進程產生深遠影響。

（一）將譜寫中華民族歷史上最為輝煌的嶄新篇章

　　中華民族曾經為人類作出過巨大貢獻，夏商周時期創造了燦爛奪目的青銅文明和成熟的文化。秦漢之際確立的封建土地制度、中央集權制、郡縣制、文官制度等具有持久影響力。在漫長的歷史進程中，中華民族在哲學、經濟、科技、文化等領域，為人類貢獻了大量文明成就。近代以來，中華民族暫時落後了。中華民族的偉大復興，不僅意味著中華民族重新回到世界舞台中央，成為世界上綜合國力和影響力領先的國家，而且意味著中華民族沿著中國特色社會主義道路，同時充分吸收了中華優秀傳統文明和一切人類文明先進成果，創造出全面性、總體性的文明新形態，更意味著近代以來久經磨難的中華民族真正走向世界文明進步潮流的前列，中華文明在人類文明譜系中呈現出耀眼的光芒。

（二）將開創馬克思主義和社會主義運動的嶄新境界

　　馬克思主義為人類文明進步指明了方向，社會主義從空想變成科學，從理論變成現實，從一國發展到多國，讓世界數以億計的人口走上了新的發展道路，也促使了資本主義自我改良。但 20 世紀末，世界馬克思主義受到誕生以來最嚴峻的挑戰。中國共產黨奮力推進改革開放和發展事業，開創中國特色社會主義新時代，在世界上高高舉起中國特色社會主義偉大旗幟。中華民族的偉大復興，將進一步彰顯馬克思主義的真理性、科學性，將進一步推動社會主義運動向前發展。

（三）將開闢和豐富人類文明的嶄新形態

　　當今世界發展面臨的一系列困境，根源就在於西方世界所倡導和踐行的發展模式存在缺陷、所形成的文明形態存在不足，人類需要創造新的文明形態，以實現人類的永續發展。中國共產黨以強大的歷史主動精神，既獨立自主，又胸懷天下，在為人民謀幸福、為民族謀復興的奮鬥中，也蹚出了具有普遍意義的現代化道路。中華民族的偉大復興，不僅開闢了實現和平、發展、公平、正義、民主、自由的全人類共同價值的更廣闊的道路，而且為人類貢獻了人民至上、天下為公、自強不息、共享富足、天人合一、世界大同等理念，為人類文明增添了新內涵。

三、中華民族偉大復興的歷史進程不可逆轉

馬克思、恩格斯認為，社會經濟形態的發展是一種自然歷史過程，同時認為歷史必然性又是人們生產活動的結果和創造，"人們通過每一個人追求他自己的目的，自覺期望的目的而創造自己的歷史"。黨領導中華民族追求復興的百年歷史已經充分證明，中華民族偉大復興符合歷史必然性規律。同時，中華民族復興的偉大前景，不是從天上掉下來的，也不會是任何外部力量的恩賜，必須要靠黨和人民站在第一個百年偉大成就基礎上繼續團結奮鬥，把歷史必然性真正變為昭示歷史規律的輝煌現實。

（一）有堅強的領導核心和正確的指導思想

列寧指出，"任何革命運動，如果沒有一種穩定的和能夠保持繼承性的領導者組織，便不能持久"。對馬克思主義政黨來說，在民主集中制的基礎上形成領導權威和堅強的領導核心，是一個至關重要的問題，是全黨實現團結統一、擔當歷史使命的關鍵保障。中國共產黨的歷史證明，有沒有全黨公認的領導核心，關乎黨的生命和事業發展。黨確立習近平同志黨中央的核心、全黨的核心地位，確立習近平新時代中國特色社會主義思想

的指導地位，對新時代黨和國家事業發展、順利實現第二個百年奮鬥目
標、對推進中華民族偉大復興歷史進程都具有決定性意義。

（二）有正確的道路和先進的制度

　　道路決定命運，道路問題是關係黨的事業興衰成敗第一位的問題。制
度帶有根本性、全局性、穩定性和長期性，是關係黨和國家長治久安的重
大問題。一百年來，中國共產黨領導人民建立、鞏固和發展了社會主義制
度。社會主義制度能夠避免資本主義的周期性危機而導致的生產力巨大破
壞；能夠實現獨立自主發展，避免在全球經濟體系中的依附性命運；能夠
統籌好長期發展和短期發展，把必要資源投入基礎和公共領域，使經濟增
長具有更長期持久的動力；能夠做到以人民為中心，注重人的全面發展，
調動人民的積極性和創造性，普遍提高人力資源水平；能夠堅持在科學規
劃的前提下，避免對自然資源的掠奪性開發利用。只要我們堅持中國特色
社會主義道路，我們就一定能夠克服實現第二個百年奮鬥目標征程上的一
系列風險挑戰，繼續推動現代化航船行穩致遠。

（三）有百年奮鬥積累的雄厚基礎

　　2021 年我國國內生產總值 1143670 億元，穩居世界第二，人均 GDP
超 8 萬元，按年均匯率折算為 12551 美元，已超過世界人均 GDP 水平。
我國是世界製造業第一大國、貨物貿易第一大國、服務貿易第二大國，
2020 年首次成為外資流入第一大國，2020 年和 2021 年，我國上榜世界
500 強企業數超過美國。我國人口基數龐大，國土面積幾乎相當於整個歐
洲；交通、通信等基礎設施實現跨越式發展，構建起多層次、多節點、多
領域的複合型網絡體系。我國有世界上最大的中等收入群體，人數超過 4
億。我國勞動年齡人口仍有 8 億多，相當於美日歐盟的總人口。大學生數

量世界第一，每年大學畢業生上千萬，海外留學歸國人員超過 50 萬。這些都是我們向著第二個百年奮鬥目標奮進、實現中華民族偉大復興的堅實基礎。

（四）有中國共產黨的堅強領導

走過百年歷程、經過百年淬煉的中國共產黨，今天已經成為擁有 9500 多萬名黨員、領導著 14 億多人口、具有重大全球影響力的世界第一大執政黨。我們的黨有著從人民中產生、為人民謀幸福的堅強政治核心，有著深深根植於中國特色社會主義偉大實踐並與馬克思主義普遍真理相結合、吸收著中華文明和中國文化精華的先進指導思想，有著在生死鬥爭和艱苦奮鬥中經受各種風險考驗的鮮明政治品格，有著以偉大建黨精神為源頭的精神譜系，有著在每個階段都能正確地制定符合人民利益、契合時代要求、喚起億萬人民創造性的發展方略。在這樣偉大正確光榮的黨的領導下，我們如期全面建成小康社會、勝利實現了第一個百年奮鬥目標，也一定能夠乘勢而上、奪取第二個百年奮鬥目標的勝利，在實現中華民族偉大復興的征程上奮勇前進。

（五）有愛好和平與發展的國際正義力量的支持

中國共產黨領導中國人民所從事的事業是人類進步事業的組成部分。正像黨的十九屆六中全會所指出的，"黨既為中國人民謀幸福、為中華民族謀復興，也為人類謀進步、為世界謀大同"。黨領導人民成功走出中國式現代化道路，拓展了發展中國家以及所有既希望加快發展又希望保持自身獨立性的國家和民族走向現代化的途徑。這些國家和人民對中國現代化事業心嚮往之，對中國人民的發展與進步力支持之。中國的發展既離不開世界，又惠及世界。以習近平同志為核心的黨中央從世界人民的發展與福祉出發，倡議和推動“一帶一路”高質量發展，推動構建人類命運共同體，以自身的行動推動建設持久和平的世界、普遍安全的世界、共同繁榮的世界、開放包容的世界、清潔美麗的世界。美美與共、和而不同的中華文明理念深入人心，和平和發展仍是世界主流，愈來愈多的國家理解中國的社會主義現代化事業，愈來愈多的人民支持中國的改革與發展。得道者眾，失道者寡，我們的朋友遍天下，中華民族偉大復興也一定在世界的支持和喝彩中早日到來。

中華民族是勤勞偉大的民族，中華民族偉大復興是中華各族兒女孜孜以求的宏偉夢想。在這一不可逆轉的偉大歷史進程中，我們已“行百里者半九十”。正像習近平總書記指出的那樣，“在前進道路上我們面臨的風險考驗只會越來越複雜，甚至會遇到難以想象的驚濤駭浪”。越是接近偉大復興的彼岸，全國各族人民越要牢記初心使命，以更加昂揚的姿態、更為進取的精神，為實現中華民族偉大復興而持續不懈奮鬥。我們相信，在以習近平同志為核心的黨中央堅強領導下，高舉習近平新時代中國特色社會主義思想偉大旗幟，中華民族偉大復興就一定能夠如期實現！

後　記

　　黨的十八大以來的十年，是中華民族成功走出中國式現代化道路、開創絢麗奪目中國文明新形態的十年，是中國人民日益走近世界舞台中央、為世界和平與發展作出巨大貢獻的十年。在以習近平同志為核心的黨中央堅強領導下，在以習近平新時代中國特色社會主義思想科學指引下，全黨和全國人民統籌推進“五位一體”總體佈局、協調推進“四個全面”戰略佈局，堅持科學發展觀，把新發展理念貫穿發展全過程和各領域，構建新發展格局，統籌發展和安全，戰勝一系列重大風險挑戰，實現第一個百年奮鬥目標，明確實現第二個百年奮鬥目標的戰略安排，黨和國家事業在方方面面都取得了歷史性成就、發生歷史性變革，在中華大地上全面建成了小康社會，歷史性地解決了絕對貧困問題，為實現中華民族偉大復興提供了更為完善的制度保證、更為堅實的物質基礎、更為主動的精神力量。中華民族迎來了從站起來、富起來到強起來的偉大飛躍，實現中華民族偉大復興進入了不可逆轉的歷史進程。

　　為記述十年來所取得的豐功偉績、闡釋為世人所矚目的非凡躍遷，我策劃、組織和部署國務院發展研究中心相關研究人員撰寫了《十年偉大飛躍》一書。本書以創新、協調、綠色、開放、共享為主線，從十個方面全方位展示了十年來我國經濟社會所取得的歷史性變革、所發生的史詩性飛躍。參與各章節撰寫的人員分別是：馬建堂、趙昌文、江宇（緒論），馮俏彬、江宇、李承健、雷瀟雨、武士傑、劉瑾鈺（第一章），馬名傑、田傑棠、戴建軍、沈恆超、楊超、熊鴻儒、張鑫、劉申（第二章），許召元、李燕、路倩、王金照、何建武、邵雷鵬（第三章），高世楫、常紀文、陳健鵬、李維明、熊小平（第四章），張琦、羅雨澤、呂剛、趙福軍、許宏強、宗芳宇、高慶鵬（第五章），李建偉、李恆森、佘宇、王列軍、張冰子、馮文猛、劉勝蘭、張佳慧、朱文鑫（第六章），王金照、李燕、宋紫峰、秦中春、朱鴻鳴、呂斌、楊豔、王偉進、路倩（第七章），鍾震（第八章），何建武、施戍傑、王詠、朱妮（第九章），馬建堂、趙昌文、江宇（第十章）。書稿完成後由余斌、侯永志、李慧蓮、何建武、賈坤、邵雷鵬等同志進行了統稿，最後由我審閱定稿。李慧蓮同志還承擔了本書大量的策劃、組織和協調工作。

　　需要指出的是，雖然大家高度重視文稿寫作，並數易其稿，但由於能力和水平所限，文中難免存在不夠完善之處，敬請讀者批評指正。

馬建堂

2022 年 3 月

責任編輯　李　斌

裝幀設計　道　轍

書籍排版　楊　錄

書籍校對　栗鐵英

書　　名	**十年偉大飛躍**
主　　編	馬建堂
出　　版	三聯書店（香港）有限公司
	香港北角英皇道 499 號北角工業大廈 20 樓
	Joint Publishing (H.K.) Co., Ltd.
	20/F., North Point Industrial Building,
	499 King's Road, North Point, Hong Kong
香港發行	香港聯合書刊物流有限公司
	香港新界荃灣德士古道 220–248 號 16 樓
印　　刷	美雅印刷製本有限公司
	香港九龍觀塘榮業街 6 號 4 樓 A 室
版　　次	2022 年 10 月香港第一版第一次印刷
規　　格	16 開（170 × 240 mm）264 面
國際書號	ISBN 978-962-04-5084-6

本書中文繁體字版本由人民出版社授權三聯書店（香港）有限公司在中國香港、澳門、台灣地區獨家出版、發行。